AF439884

ESCRIBIR O TROPEZAR

Convergencias No. 4

mimalapalabra editores

Escribir o tropezar

(ante la página en blanco)

RAÚL LÓPEZ LEMUS

Escribir o tropezar

Primera edición
© Raúl López Lemus
© mimalapalabra editores, San Pedro Sula, Honduras, 2021

mimalapalabrahn.wordpress.com
mimalapalabra@gmail.com
@mimalapalabraEd

Diseño de cubierta y diagramación: mimalapalabra editores
Fotografía de la cubierta: Detalle de una imagen de Canva
Fotografía del autor: Gerardo Torres

ISBN: 9798701163193

ÍNDICE

EL RELATO Y SUS CONSECUENCIAS
(Prólogo)

Estos textos nacen del afán de querer comprender los mecanismos que rigen la escritura. Son un intento de penetrar en los vastos dominios de este arte a través del escrutinio de sus componentes más esenciales. El tiempo, el espacio, los personajes, las voces, el lenguaje, el argumento, la intriga, las imágenes, el narrador, la actitud del autor, sirven de contrapunto o de pretexto para ingresar al interior del proceso creativo en el momento en que despliega su forma huidiza sobre la página en blanco. El resultado es una gama variopinta de historias que se ocultan detrás de las teorías literarias más diversas. ¿Artículos de opinión o relatos de camino? El lector decide.

Algunos de estos textos son un homenaje a autores hondureños, semblanzas que tratan de atrapar instantes olvidados de sus vidas. Otros son reseñas de libros muy queridos, tentativas de explicar de forma amena su esencia. Unos más se refieren a algunos de los eternos problemas del hombre, su enfrentamiento con la realidad y con sus semejantes. Y están los de índole filosófica, con los que pretendo explicar, o al menos explorar, la naturaleza frágil del mundo. Sin embargo, en todos, la protagonista directa es la literatura.

Nada en este libro es lo que parece o pretende ser. Se juega con los sentidos y la razón. Los temas se cogen al vuelo en el momento menos pensado, se interrumpen sin previo aviso, desaparecen, se repiten hasta la saciedad, se difuminan, vuelven a aparecer, se bosquejan, se olvidan sin haber arribado a una conclusión, todo a partir de un sistema imaginativo que parece caótico. Pero tal vez es caótico en su composición, porque en el fondo estos textos conforman una historia única, la historia del autor y sus múltiples relaciones con el entorno.

Los textos nacen de la conjunción de literatura y experiencia vital de primera mano, por eso hay siempre un relato y sus consecuencias que cruza de forma sesgada el discurso. La escritura corre paralela a la existencia, se nutre felizmente de sus avatares. ¿La literatura sale de paseo a la calle o es la vida la que entra directamente a las páginas a validar la teoría? Estos textos son el resultado de la confrontación de praxis y discurso, una apuesta para demostrar que la literatura es omnipresente, que está plantada en todos los instantes cruciales de la vida. Basta tener los ojos bien dispuestos para verla germinar en las cosas, para sentirla vibrar dentro de cada acontecimiento.

HORIZONTE DE SUCESOS

Uno escribe en la página que la ciudad es un despliegue absurdo de simetrías, pero cuando deja la computadora, levanta la cara y otea por la ventana, la encuentra convertida en un mural de figuras irregulares y torcidas. Uno se descorazona con eso y acepta la incerteza rezongando, pero luego olvida la disparidad que hay en cada pensamiento humano y se esmera por seguir con su tonta tarea de cronista. Es seguro que deberá procurarse un punto de apoyo más firme para la cantidad de verbos y sustantivos que tiene trabados en la punta del lóbulo temporal.

Quizá se engañó con la ventana, por eso uno se levanta de la silla y corre los visillos hasta el tope: es la misma ciudad la que contempla, sólo que esta vez sobra el agujero que la ventana abrió en el paisaje. Si uno es consciente de su labor se detendrá en este punto, dejará de escribir y se dedicará a otra cosa más provechosa, pero si ya no le importa nada, si tiene las ideas encarnadas, seguirá con la purga, tratará de hallar un sentido a ese pináculo de techos oxidados que traban su visión. Si persiste topará con la otra ventana, en el edificio de enfrente, en un nivel propenso al voyerismo. Chocará con la pareja que se encuadra en ella y con el calor endemoniado en que se debaten sus cuerpos. Tendrá que desviarse a escribir acerca de su desnudez, de la lascivia con que traban sus extremidades inferiores, pero cuando enumere eso, cuando lo cuelgue de la página, la pareja habrá cambiado, tendrán sus huesos revestidos de calor y estarán enfrentados a muerte.

Despotricará uno contra la incertidumbre de los hechos, contra ese movimiento del mundo, contra su huida cruel. Apartará la cara con asco, pensando; nada es posible en esta realidad indómita y deslucida donde se sobrevive y, además, los humanos somos unos animales.

Nomás aparte la vista, la ciudad lo deslumbrará de nuevo, se habrá ido transformando, en el ínterin, en un diagrama de siluetas ennegrecidas y los autos remarán entre sus senderos con fastidio. Volverá la vista hacia la pareja, mejor: dos líquidos en ebullición, dos masas que se lancean con estupor. Tendrá uno deseos de cerrar la ventana, trancarse las palabras que le escuecen el cerebro, querrá irse a dormir. Pero el embotamiento no lo dejará moverse, verá sus extremidades estaqueadas, su trasero empantanado en la silla. No hay manera de quitarse de en medio, quedará uno aterrado frente a aquel enorme horizonte de significados.

Decidirá jugar a las probabilidades entonces. Qué tal si cambiamos el destino de las cosas, por qué no hacemos que se despojen de sus apariencias despiadadas, por qué no las echamos a andar, que participen de nuestra tristeza. ¿Sería posible algo como eso? Hasta hace poco nos llamaba la atención su desencanto descomunal, pero al voltear a verlas de nuevo uno vuelve a descorazonarse, sería ingrato pensar que van a romper con sus leyes físicas para acompañar nuestra soledad.

Mejor volver a la pareja que piafa, mejor embrocarse en la contemplación del amasijo de sus miembros agresores. Probemos a transportarlos hacia este sitio estéril de la página, piensa uno, que invadan nuestra intimidad. Su retozo podría tener un significado más firme de este lado. Uno trata de llamar su atención, pero ellos se hacen los desentendidos, se enfrascan en su patosidad. ¿Y si transformara su jueguito en una burda enunciación gramatical? Vamos, muchachos, vengan, crucen la calle, evadan el tráfico, suban los pisos, cerquen la cama calientita… hay espacio suficiente para ustedes en esta conciencia.

Mientras uno hunde el diminuto teclado, deja de verlos y eso crea la imposibilidad, la tristeza. La precisión no es un componente esencial de este universo cruel, razona uno, golpeándose la sien, mientras los deseos de arrojarse desde la ventana crecen en el pecho.

ESCRIBIR O TROPEZAR
EN LA PÁGINA SECA

Cuántas veces la hoja vacía desafió las intenciones del hombre de letras, descolocó su conciencia de su lugar. No aquella página rebosante de acertijos que el hombre antiguo vio crecer antes sus ojos miopes y que lo empujó a la iniciación teosófica. No. Tampoco la otra, esa que lo hizo delirar en una noche de fiebre y tormenta y que le restregó en su rostro perturbado el significado absurdo de la muerte y del nacimiento. Menos la que en su vaciedad inmanente lo llevó por los caminos de la venganza y del suicidio inútil. Esas páginas en blanco sólo representan una tregua en la convalecencia afectiva del homo sapiens autor, momentos tímidos en que se abrió ante él el despeñadero del desaliento.

Pero hay una página en blanco, verdadera, inescrutable, que ningún hombre de letras ha logrado conquistar todavía, una que perdura por los siglos y que las corrientes artísticas y literarias ignoran por completo, pero que arrastran en su desbordante travesía. Los más doctos, los que han padecido su crudeza con mayor determinación, creen adivinar su origen divino, o infernal. Piensan que ya estaba presente ante el tosco banco de trabajo del autor del libro del Eclesiastés cuando éste iniciaba con sus balbuceos exóticos y que, desde ese tiempo indeterminado de la historia, se proyecta hacia un futuro inabarcable, fatuo. Su sustancia ha cambiado, creen: arena, arcilla, cuero, madera, pergamino, papiro, bronce, papel, el lomo de una computadora, la red infinita; no así su contenido, su desconcierto.

Desde la humedad cóncava de una gruta en la prehistoria hasta el laberinto imponente de los rascacielos en la época actual, el hombre de letras ha sentido los aguijonazos de la sinrazón que supone una superficie vacía, que se resiste con afán a sus signos. La hoja en blanco que rechaza la escritura, que se burla del individuo taimado que cabecea ante ella, es el más poderoso síntoma del absurdo en la existencia de un hombre que ha nacido para hablarle a las cosas. No ha habido nadie que no sucumba ante su desatino, que no termine entregándole sus nervios, aplastados por su aridez. El sabio se aparta con asco de ella, pero el necio la idolatra y persigue con entusiasmo la sombra de una esperanza efímera que cree ver perfilada en ella. No se da cuenta, no entiende, que en ella están contenidos todos los significados del universo, que alguien ya escribió sobre su superficie lo que no existe o lo inabarcable.

Cuando el libro ya está terminado nos olvidamos de esas páginas tristísimas que nos han dado tantos dolores de cabeza, pero las obras magníficas contienen innumerables instantes en los que todo se detiene y se frustra. Y la verdadera esencia de la obra se va en esas páginas secas, abominables; ellas le cuentan al cesto de la basura de los fracasos y las penalidades del autor. Son partícipes de una novela, un cuento, un poema, una historia, una lección amorosa, que nadie habrá de leer jamás.

Las aventuras de Don Quijote no serían posibles sin aquellas noches de desolación en las que el espíritu de Cervantes batalló con la página maldita. La página descartada se llevó una parte del infierno del maestro y por eso el personaje nos resulta tan apacible, tan ingenuo, aunque en el fondo no lo sea. Con Dostoievski tal vez haya sucedido lo contrario. Las páginas no escritas de su *Crimen y Castigo* cargaron con la voluntad reposada del escritor, con su caridad; por eso el relato final nos parece tan irritado y tormentoso. Ha habido quienes han dejado definitivamente de escribir anulados por la imagen de la página vacía, prefieren renunciar a su condición de pro-hombres, confinarse en el olvido, a tener que padecer de nuevo el infierno de repetirse en la nada. Tal vez las claves para entender la frase tan paradigmática de Bartleby, el escribiente, "Preferiría no hacerlo", estén relacionadas con la negación del mundo que le impone una página vacía a su autor. Lo cierto es que muchos escritores famosos o que prometían algo se han valido de pretextos inauditos (Rulfo es uno de ellos; Vila-Matas nos ofrece un listado generoso en *Bartleby y compañía*) para alejarse de manera definitiva de la escritura y, tal vez, la página en blanco haya tenido algo que ver.

De todos los hombres de letras es a los poetas, según sus íntimas declaraciones, a quienes más dificultades impone la página vacía. Una página en blanco puede derivar fácilmente en una mañana en blanco, en un día en blanco, en semanas de esterilidad, hasta meses y por qué no, años. El pensamiento entrecortado, pujante, certero, que tanto favorece al poema, parece obnubilarse, de vez en cuando, ante la superficie silenciosa de la página y de nada valen dietas ni vitaminas, cuando las musas están dispuestas a resistirse. El poeta puede permanecer horas inmutable ante la página, ensimismado, tal vez porque eso le permite entrar en ensoñaciones fáciles, soportar con pusilanimidad aquella vaciedad insensata; no así el narrador, que está hecho para correr, que requiere que la pluma avance y fluya la tinta con entusiasmo. La naturaleza reflexiva, estoica, del poeta, le impide demudarse ante aquel significado enorme que no está a su alcance. O tal vez sea lo contrario, qué sabemos. Tal vez el poeta sea el único capaz de leer en la página en blanco. La carencia de signos podría impulsarlo a ver el poema terminado antes de poner la primera letra o le ayude a recoger los códigos adecuados un tiempo antes de borronear algo en la superficie que lo desafía. Como un pequeño dios, el poeta puede resistir el desaliento de no poder escribir ni un verso o, en última instancia, consigue vencer su resistencia aderezando el poema inexistente con la misma aflicción que le impone una espera tan firme. No sabemos qué sucede con él, la verdad. Pero, en fin, lo único que podemos sacar en claro es que la página en blanco ha decidido durante siglos el destino de obras y escritores.

TRAMPEAR CON EL PERSONAJE

Hay temporadas en la vida del escritor en que los personajes escasean. Tiene listo el argumento, las palabras, la época, el contexto, la estructura, pero carece de un individuo capaz de echar a andar la narración. Eso le pasa a cualquier escritor que se precie de serlo. Ahora, si uno no es de esos autores haraganes y simplones que espera a que las cosas le lleguen del cielo, se lanzará a la calle a buscar lo que necesita, con urgencia. La ciudad de San Pedro Sula con sus trampantojos le ofrece miles de posibilidades de encontrar algún ser interesante.

El problema es que ya en la calle, el escritor también se convierte en un personaje. No puede librarse de los millones de historias que pasan a su alrededor. Debe decidirse y aferrarse a algo, rápido, antes de que la ciudad lo engulla y lo convierta en un ser anónimo y falaz. Para liberarse, el escritor debe moverse, caminar en todas direcciones. No es que marche al azar o trampee, simplemente está desconociendo su destino solitario.

La deriva de sus pasos lo llevará a las calles más congestionadas de San Pedro Sula: la Tercera Avenida, la Cuarta Calle, la Segunda Avenida, prolongación de no sé qué… un resquicio desolado para cambiar de dirección. El mercado central, como un nudo de intestinos que segrega sus jugos pútridos, lo espera. Qué mejor lugar para hacerse con un personaje de verdad. El escritor para de andar cuando columbra una silueta que huye entre la multitud. Se trata de un monigote de sebo con el pecho cruzado de abalorios, el sombrero y las botas de importación son lo único verosímil en su cuerpo rechoncho.

Va tras él, lo persigue entre los entresijos que forman la cadena interminable de tenderetes. El hombre es ágil y esquivo a pesar de sus trecientas libras. Cruza los puestos al aire libre con celeridad mientras vocifera. Ordena, sentencia, pondera, señala. El escritor se ha dado cuenta de que está ante el mandamás de los mercados, el hombre anónimo que mantiene funcionando ese mundo que escapa a los protocolos legales. No está dispuesto a dejarlo ir, lo necesita, pero los mercados son infinitos, cada vuelta que da lo aleja del mundo real. El asfalto desaparece y una pátina de frutas destripadas lo sustituye, el olor de la cebolla y del cuero falso de los zapatos se impone. Las moscas lo atosigan y el humo de las fritangas altera sus nervios. La ciudad ha quedado arriba y el aire ralea. Han cruzado miles de trampas y una penumbra sólida empieza a hacerse notar.

Llegan a un trecho donde ya no hay automóviles ni gente que regatea, la calle es una vertiente de deposiciones y de cartón. En algún lugar de esa selva caótica de tejadillos se halla la madriguera del hombre. El escritor está pensando en eso cuando lo pierde. El tipo desaparece de su vista como por ensalmo; se queda solo en medio de la encrucijada de palos, en el mayor de los desamparos posibles reservado a un humano. El camino de regreso a la luz es triste y serpenteante y deja extenuado al pobre escritor. Tras él se arrastra el desasosiego de no tener nada para contar a sus lectores.

Después de una noche de insomnio y tribulaciones, el escritor vuelve a juntar valor para salir a la calle. Va de cacería, asegura, con la pluma en ristre y la libreta de notas en bandolera. Los mercados lo atraen, el tipo de los abalorios es el personaje que ha estado buscando durante toda su vida. Se regodea al pensar en la novela que escribirá, de la que el tipo ese será el protagonista, pero antes tendrá que encontrarlo.

Camina siguiendo la Cuarta Avenida que lo embute de golpe en aquel espacio infernal. Indaga, escruta, sigue pistas falsas, traza un sendero con su humor. Los bolitos con los que se relaciona le convidan de sus bebidas tóxicas, pero no están dispuestos a hablar. Le mienten, el escritor sabe que evaden las preguntas o cambian de tema con rapidez.

Otros tipos más lúcidos con los que habla después le restriegan una verdad que el escritor no está dispuesto a aceptar. Para ellos, él no está en sus cabales: mire que llegar a imaginarse a un individuo como ese que describe. Que se vaya a ocuparse de sus papeles, mejor, le aconsejan.

A este punto, el escritor ha visto que el hombre de los abalorios es una creación colectiva y, como tal, es fácil negar su existencia. Lo que encuentra en adelante es una refutación general, rotunda. Nadie sabe nada con certeza y eso le hace sospechar la conjura. Lo ocultan porque al sacarlo a la luz van a anular su concreción, retirarán su inmunidad, podrían convertirlo en ficción, en teatro. Alguien podría tomarlo de la calle y llevarlo a las páginas de un libro.

Un golpe de suerte lo lleva a descubrir que su personaje tiene enemigos, no está seguro si fue él mismo quien se los engarzó. Los enemigos están dispuestos a hablar, se reúne con ellos en medio de una montaña de tomates rancios y guineos podridos, en los confines del mercado, en los confines de todo lo razonable. Ellos le informan acerca del poder del hombre de los abalorios. ¿No sabe que el destino de la ciudad pasa por sus manos? Él es quien decide precios y temporadas de hambruna, los números de la lotería y hasta la variación de la moneda. Los financistas de los bancos principales bajan de sus estrados a consultarle cuando la economía se contrae. El resultado de las elecciones municipales requiere de su aprobación. La vida y la muerte, la esperanza y el perdón, el odio y el amor, son consustanciales a su naturaleza.

Con datos tan definitivos, el escritor se entusiasma. Puede sacar al hombre de los abalorios de su escondite, llevarlo a su libreta de notas, de allí a su computadora, y luego al libro, y lo bueno es que no necesitará agregarle nada más. Encaja de manera contundente en su proyecto literario. Un hombre dotado con una personalidad tan abrumadora puede conquistar al mundo con facilidad.

Lo cierto es que el escritor gasta cinco meses de su existencia en buscarlo. Está tan obsesionado que no le importa arriesgar su vida. Los mercados de San Pedro Sula poseen zonas que son tierra de nadie, pequeños abismos en los que la compasión no se ha inventado todavía. Sitios arrebatados al infierno; el palpitar de las muchedumbres no llega hasta ellos porque básicamente se hallan en el subsuelo. En esos rincones en penumbras, la muerte campea a todas horas.

Después de ese tiempo, el escritor abandona la búsqueda con la convicción de que ha sido víctima de una broma macabra o de una alucinación portentosa. El libro que le habría gustado escribir se ha desvanecido en el aire, ha terminado en un deambular tonto, sin sentido, eso le produce mucha angustia, decepción. En un país donde la literatura tiene tan pocos adeptos y se escribe tan poco, dejar pasar una oportunidad que prometía tanto. Está todavía quejándose en voz alta cuando escucha el ruido de la puerta; la voz que suena a sus espaldas le trae el recuerdo de los cinco meses que pasó en los mercados tras una sombra.

CÍRCULOS CONCÉNTRICOS

No sé si empezó a llover de veras o era una tormenta que me creé en el recuerdo para fijarlo a una cosa concreta. Lo cierto es que un fluido parecido al vapor de agua traspuso la puerta del edificio del teatro cuando yo lo hice. Las luces y la pintura soberbia del inmueble me obnubilaron conforme bajaba la pendiente que llevaba hacia la platea. El Círculo Teatral Sampedrano se estrenaba con una adaptación de la novela *La Dama de las Camelias* de Alejandro Dumas y ese era motivo suficiente para que las personas que ya ocupaban las butacas mostraran un alborozo inusitado.

El entusiasmo rebasaba hasta más allá de la cafetería y los pasillos. La gente ponía cara de saber de qué se trataba el mundo. Flotaba en el ambiente un aire de otros tiempos, como si la propuesta teatral tirara de un siglo que ya se había ido, pero que era necesario evocar de vez en cuando. Tal vez los asistentes pensaran que debían de fingir también ellos para que el conjuro de la obra se impusiera por completo entre los grupos. La obra no la harían los actores, sino un enjambre de entusiastas sampedranos que trataban de terminar su semana olvidándose de los problemas de la ciudad.

Sospeché la imposición desde el momento en que alguien con cara de circunstancias anunció el inicio de la presentación. No faltó la reconvención anticipada: nada de charlas sosas ni de chicles que afectaran el mobiliario. La obra valía el ayuno. Rebajaron las luces, hubo movimiento en el telón y el siglo XVIII cubrió el escenario. Rápidamente se estableció una frontera y el choque de épocas azuzó los sentidos de los pocos que entendían lo que iba a pasar.

Como toda obra de teatro local, lo impostado precedió a los protagonistas: una damita que sobrevolaba por encima del escenario como una mariposa y un muchacho que parecía estaqueado al piso. El amor era una señal aparte entre ellos y, aunque trataran de recrear una faceta histórica de él, se veía que no iban a lograrlo. El amor necesitaba pausas, carácter, referencias, que ellos no estaban dispuestos a seguir, que pasaban por alto, así que pensé que el resultado no sería de mi agrado.

A los pocos minutos de haber iniciado la función ya me estaba mareando con tanto movimiento. Iba a ponerme a dormitar (que es lo que generalmente hago cuando me abruman los datos de la realidad) cuando una muchachita cruzó, balanceándose, el pasillo lateral y enfiló hacia la zona donde yo me hallaba. Su pelo húmedo y los ojos acuosos me confirmaron que, de verdad, había una tormenta reventando en la calle.

Seguí su braceo hasta que se coló entre los espectadores y se echó, literalmente, al cuello de una señora que se sentaba tres butacas adelante. Apretaba la cabeza de la dama mientras gemía de dolor, eso lo capté enseguida. Durante dos minutos no habló, lo que me llevó a imaginar que su papel en una obra desconocida y arbitraria estaba libre de parlamentos. Fue la señora la que comenzó a murmurar y a quejarse, después. Sus sonidos no traspasaban todavía la zona del pasillo, pero a medida que la noticia iba adquiriendo carácter general, un murmullo de abejas empezó a elevarse por encima de la línea de cabezas.

Varios de los que estábamos cerca nos interesamos, algunos ya interrogaban a la señora. No quiero decir que la atmósfera cambió con esa intromisión, pero el siglo XXI metió su cadena de infortunios y se impuso con fuerza sobre los vestigios que iban quedando de aquella época en la que Alejandro Dumas fue infeliz.

Un tipo a mis espaldas con cara de intelectual pidió que guardáramos silencio. La muchachita le estaba explicando a una anciana que tenía muchos anillos en sus dedos. Tuvieron que repetírmelo muchas veces para que entendiera de qué se trataba. Supe entonces que el drama de la vida había rebasado la farsa, que el verdadero teatro es la existencia y que lo mejor que sucede en ella es que nadie finge para que le aplaudan.

La muchacha había traído la calle hasta adentro del edificio del teatro y nos había impuesto una obra distinta, por lo menos a mí. El argumento era simple, pero entrañaba tantas circunstancias. Que un muchacho sea acribillado en un barrio de los llamados peligrosos de la ciudad de San Pedro Sula por el amor de una chica y que el eco de su muerte alcance a invalidar un hecho histórico ya da bastante para reflexionar.

No pasó mucho tiempo para que el drama del muchacho acribillado se sobrepusiera al otro, al impostado, al que discurría a medias en el escenario. Entre tanto lagrimeo y murmuraciones, la verdadera función se había trasladado a las butacas. Una tía, una prima, un sobrino, la madre del muchacho acribillado, encarnaban unos personajes que en otro contexto fácilmente hubieran llegado a la histeria. Se contenían porque estábamos nosotros, sus espectadores particulares. Tal vez desde el escenario los actores veían nuestra puesta en escena, tal vez hallaban burdo que nos removiéramos en los asientos con tanta expectación. Pensé en el reflejo, en la repetición. Pero quién imitaba a quién en aquel ambiente tan frágil; mientras la historia de Dumas se remontaba hacia un pasado nostálgico, la nuestra iba a todas partes.

El desarrollo de la trama propiamente dicho comenzó con las llamadas a teléfonos celulares imaginarios, cuando otro tipo de información irrumpió en la sala. El muchacho no había muerto solo, el victimario (que era el padre de la novia) había decidido quitarse de en medio también. La misma pistola, el mismo chorro de pólvora, inmovilizó sus corazones. La prima (que era la que menos lloraba, pero la que más gestos hacía) dio los pormenores.

Como un aparte, como si pensara en voz alta. Habló para nadie, pero al mismo tiempo para todos los que decidimos escucharla.

Pensé, entonces: la verdadera función del Círculo Teatral Sampedrano no se lleva a cabo dentro de su recién inaugurado edificio, sino en cualquier parte. Margarita Gatier no es esa dama fraudulenta que puja porque la sociedad de su tiempo reconozca sus sentimientos por Armando Duval, sino todas las mujeres que alguna vez se han enamorado. Es esa chica anónima que ha perdido de golpe a los dos hombres que la han querido: su padre y su amante. La prima que aún estaba en el teléfono celular y que preguntaba con sorna a alguien, destilaba un amargo resentimiento hacia ella.

Creo que todos empezaron a sentir odio por aquella novia desconocida, por lo que había provocado. La señora de los múltiples añillos en sus dedos, incluso se dio tiempo para ironizar a su costa. La imagen de *femme fatale* se prendió en los cerebros, en las voluntades, constituida para siempre en la protagonista de una tragedia amorosa. No se sobrelleva una empresa de ese tipo sin exponer la conciencia, seguro.

Un repudio tan generalizado sólo puede llevar a la identificación individual. Los griegos que impusieron el teatro a toda Europa tenían razón en sus apreciaciones, ni dioses ni hombres son capaces de sobrevivir a su destino indescifrable, a la invasión de su alma, pero cuando la tienen en sus manos, cuando se les brinda la oportunidad de rectificar su parecer, no saben cómo actuar, cuándo detenerse, se desesperan.

La novia del muchacho acribillado era otra Margarita, extraviada e inocente, que cedía su destino a las convenciones de un arte que copia demasiado a la vida, pero que no puede explicar nada de ella.

Creo que más adelante me sobrevino la catarsis. Una especie de fiebre que me llevó a imaginar que la obra de Dumas estaba soldada, desde sus inicios, con la historia de aquella familia anónima que sólo quería terminar la semana olvidándose de los problemas de la ciudad. La punzada literaria me traspasó el pecho entonces. Me sentí dentro de un libro extraño que intentaría escribir en el futuro, pero fuera de la vida verdadera, auténtica, como alguien que ha atravesado una bóveda de cristal a golpes de tristeza.

Respiré hondo antes de marcharme, no quise esperar a averiguar en qué pararían ambas historias. El regreso a casa estuvo lleno de sobresaltos, los dos escenarios posibles con sus finales irremediables me cortaban el paso en cada esquina.

ANCLARSE A LA SOMBRA

Arturo Martínez Galindo debió de sentir la orfandad de Tegucigalpa en sus entrañas desde el instante mismo en que vino a la vida un día de septiembre de 1900. El aire de estancamiento de la diminuta capital hondureña (zarandeada todavía por los avatares de una Reforma Liberal inconclusa) en la que nació tuvo que haber causado una impresión perniciosa en el espíritu huraño del niño, hasta el punto de provocarle una irritación anímica fatal. Desde entonces vería el mundo desde un ángulo descarnado, como si la vaciedad absurda de las callejuelas que rodeaban su hogar fueran un signo perentorio de su propia suerte.

Creemos que la muerte de su padre vino a acentuar aquella taciturnidad, precisamente en el momento en que era más necesaria la figura paterna para que acompañara sus tanteos con la realidad. Aunque debido a su corta edad Martínez Galindo no pudo mostrar ninguna señal de dolor, es seguro que la muerte repentina de su padre debió de remover algo muy profundo en su interior. No existen postales suyas de ese tiempo, pero es fácil imaginarse al muchacho fosco que recorre los sitios inextricables de Tegucigalpa como un fantasma.

Sin embargo, es posible que fuera ese sufrimiento prematuro el que lo llevó a mostrar sus inquietudes artísticas de manera tan franca y abierta. Tiene muy pocos años todavía, pero ya se atreve a merodear en las tertulias que celebran los grandes maestros de la vida cultural citadina. Las chispas en sus ojos, que delataban su desasosiego pertinaz, y que Froylán Turcios intentó encausar hacia el experimento literario, muestran al adolescente inconforme, constreñido por una existencia abúlica, que se revuelve contra las pobres condiciones imperantes de la sociedad, en el linde del mundo. Tegucigalpa debió de ser una carga muy pesada para un muchacho cuyos horizontes se abrían en todas direcciones.

No quedan registros fiables para hacerse una idea exacta, pero es posible deducir la vida sin rumbo de un marginado intelectual como Martínez Galindo en un ámbito tan estrecho como la Tegucigalpa de principios del siglo. Ha descubierto su destino luminoso y trata de mantenerse dentro de los límites de ese destino, pero la vida lo empuja siempre en otra dirección. Comprender que el alma humana es más compleja de lo que parece a simple vista y que en ella late una parte del infierno llevó a Martínez Galindo a embarcarse en la aventura de tratar de describir su naturaleza sórdida y, por ende, a alejarse definitivamente del costumbrismo local, que era la nota predominante en la literatura hondureña de la época.

De las revistas y los periódicos que ayudó a fundar, tanto en San Pedro Sula como en Tegucigalpa, pasó casi sin transición al exilio voluntario. Nueva Orleans le vino al dedillo, como a tantos otros paisanos que miraban en la capital del banano mundial un pedacito de su terruño. Tiene más de veinticinco años y un amor que ronda su organismo, la lógica del matrimonio se instala definitivamente en su cabeza. No creemos que haya sido feliz al casarse, pero la dualidad de los cuerpos debió de ayudarle a sobrellevar la dura existencia.

Tal vez entonces haya empezado a escribir de veras.

Con el cambio de escenario sus relatos ganan en franqueza, se tornan desafiantes y aluden a valores universales más cercanos a la conciencia turbia del hombre moderno que a los patrones del imaginario local. Nueva Orleans, Washington, Baltimore, para mencionar algunos de los sitios que le sirven de peregrinación, entrañan un significado especial para él. Extrae de ellos la atmósfera execrable que en lo sucesivo animará sus relatos y que será la marca registrada de toda su obra. Parece ser que los temas del homosexualismo, el incesto, la violencia y tantos otros, consustanciales a sus textos, estaban ya maduros en su memoria, y que él sólo había esperado encontrar la ambientación adecuada para llevarlos a las páginas.

A Martínez Galindo se le ha querido ver como un hombre cosmopolita por naturaleza, sin embargo, su pensamiento siempre estuvo condicionado por ese ambiente un tanto provinciano en que transcurrió la mayor parte de su existencia. Es cosmopolita su sensibilidad, su visión del arte, incluso su carácter; sus escritos, en cambio, mantienen una permanente conexión con ese mundo marginal que hunde sus raíces en lo telúrico. "La tentación", que es su relato mejor conocido en el país, atrapa el sentido ambiguo de la moral humana arraigada en los seres sencillos del campo.

De regreso a Honduras trae afilada su palabra combativa. Su duda en el alma humana lo impulsa a dudar también de sus intenciones. Los pueblos no progresan, cree él, si los individuos que encarnan sus ideales no pretenden ajustarse a ese progreso. La política es una hipocresía porque pisotea a los mismos seres que le proveen su libertad de acción, señala. Así que Martínez Galindo se rebela contra sus prácticas engañosas o, tal vez, contra aquellos individuos que la hacen aparecer tan triste ante las sociedades organizadas. Es seguro que un pensamiento de ese tipo le acarreó muchas enemistades; es seguro que criticar a los que gobiernan con mano dura y mancillan la dignidad de los menos favorecidos lo haya alejado de la capital y lo condujera en una travesía desesperanzada por los pueblos del litoral norte de Honduras.

Para un abogado como él, que trata de ganarse la vida honradamente, es viable pensar que las pequeñas ciudades y los caseríos cercanos al Mar Caribe le hayan ofrecido muchas posibilidades de encontrar algo de sosiego y tranquilidad. Su trato con la gente del campo le ofrece un poco de alivio a su vida hastiada de los avatares políticos de las ciudades.

En las treguas que le deja su trabajo sigue escribiendo. La visita a la tierra de Edgar Allan Poe le ha marcado profundamente, al punto de llevarlo a crear personajes que, como él, no encuentran su lugar en el mundo. Su visión del individuo se parece mucho a la de los decadentistas europeos, con la salvedad de que en Martínez Galindo el punto de vista no se aparta de manera definitiva de las convenciones literarias de su entorno.

En algún momento de aquella travesía tuvo que haberse encontrado ante la premonición, de frente con la corazonada; es imposible no imaginarse eso con un tipo tan lúcido como Martínez Galindo. Se trata de un ser iluminado y, por lo tanto, la realidad debió de mostrarse transparente para él.

La Costa Norte es un hormiguero de vitalidad por ese tiempo, cientos de trabajadores de las bananeras pululan con sus machetes en todas direcciones. Van y vienen como si los arrastrara la marea de un mar turbulento. El brillo de sus machetes deslumbra los caminos, los andenes, las tabernas. Los machetes determinan el sustento diario de cada individuo, establecen la diferencia entre la indigencia y una forma vana de la prosperidad, pero al mismo tiempo, definen la vida y la muerte. Es posible que en algún lugar de esas tierras encandiladas por el sol abrumador del trópico haya sido testigo de una disputa sangrienta en la que los machetes afilados mantuvieron su protagonismo ancestral por encima de los rudos brazos que trataban de sosegarlos.

Su último lugar de peregrinación es Trujillo, un pueblo de embarque de bananos arrimado al mar por las circunstancias de la empresa bananera. Los caudillos militares que sostienen el monopolio del comercio extranjero no admiten replicas a sus acciones. Pero Martínez Galindo no ha nacido para quedarse callado o someterse, su palabra es diáfana y afilada y penetra en los espíritus como un machete. Pronto entra en dificultades con las autoridades locales, lo que, aunado a las críticas al gobierno central, define su trágico destino.

Nadie sabe cómo ocurrieron los hechos de su muerte, y lo único que podemos hacer es especular a partir de las pocas noticias recogidas por sus amigos. El final pudo haberse dado de cientos de maneras y ahora sólo queda conformarse con alguna concatenación de sucesos que no parezca tan contradictoria. Por ejemplo: es viable imaginarse al hombre que regresa de La Ceiba en el tren y mira por última vez los enormes sembradíos a las orillas de la línea férrea. El sudor, la gente, los machetes que tintinean con el vaivén del vagón. Va pensando en el artículo que ha escrito hace tiempo: "Honduras no tiene literatura ni literatos". El pensamiento no se corresponde con la realidad que lo constriñe a cada giro de la máquina. Sus compañeros de viaje piensan en el duro trabajo del día, en trampear con el pulpero o el capataz para que el sustento ajuste para la semana, en el calor que doblega la columna vertebral, en la mujer embarazada y los hijos famélicos. El tiempo ha pasado a formar una placa calcárea adelante, como una escalada de presagios tormentosos, pero el hombre que venimos imaginando ya no trata de ajustarse a sus caprichosas desviaciones. Sólo ve el descampado en el que el tren se detiene y los mordiscos del hierro que se le echan encima una vez que baja. Siente que le laceran la piel y le segmentan los huesos, que le arrancan el núcleo de sus células, luego el duro polvo y el dolor... La sangre ahora es un coágulo de palabras que se mueve hacia el porvenir, no así el hombre que es Arturo Martínez Galindo, que permanece encharcado en su propia sustancia esperando que se le haga justicia, precisamente en el país de la justicia imposible.

BRINCARSE LAS TEORÍAS

Es difícil para un escritor no pensar en las aporías de Zenón al momento de ponerse a escribir un relato. Sabe que al igual que el filósofo griego, él, mientras escriba, tendrá también que lidiar con los problemas del movimiento, del tiempo y del espacio, inherentes al desarrollo de una historia. Y es que, contrario a lo que cualquiera pueda imaginar, no son la conducta de los personajes o la naturaleza de las acciones las que producen el verdadero dolor de cabeza en el autor sino la dificultad de anclar la historia que va a narrar a un punto determinado del mundo.

El escritor tiene la página fija en la máquina, pero todos los elementos que conforman su relato rotan alrededor de ella, se resisten a dejarse atrapar. Y eso sólo estimula su memoria, la conduce hacia la arbitrariedad, al desconcierto; dirige su cerebro al momento clave del relato en el que arrojará el primer verbo, o sea, ese brevísimo interludio en que tratará de mover el discurso en alguna dirección. Detrás de los verbos irá él mismo, como un dios de cartón sojuzgando la escritura, alterándola. Cada partícula del relato supondrá un desafío mayor que el escritor está obligado a repensar.

Cuando el escritor se decida por un hecho cualquiera, tendrá que acordarse seriamente de Zenón y de sus aporías, de las leyes físicas que rigen la realidad, y que deberá traspasar a la historia. Tendrá que pensar en la paradoja de Aquiles y la tortuga o en la alteración que produce en el pensamiento su incomprensible dicotomía.

Zenón consideraba que una flecha se encuentra siempre inmóvil en el espacio y que la continuidad es un sofisma que sólo se produce en el discurso. El mundo, o es una infinita serie de parcelas o un bloque indivisible de sucesos, pensaba. A partir de esas creencias, el escritor entenderá que el acto de escribir más que una contingencia humana es una perturbación en el espacio-tiempo de la página que sólo se manifiesta en la conciencia. Así que debe hacer acopio de ella para llevar adelante el relato.

El problema es que su conciencia lo lleva hacia el mundo de verdad, ese que refuta con su encarnizamiento cualquier disquisición filosófica. Parado frente a frente con la realidad, al escritor sólo le queda replantearse sus propias teorías. En eso anda, en eso entretiene su tiempo, cuando el suceso que llama su atención empieza a formarse delante de él. Hasta ahora sólo puede ver las sombras, la siluetas en el aire, pero detrás de ellas hay una ciudad miserable que, como la flecha de Zenón, permanece congelada en un punto crítico.

La calle frágil brota de la pared de su memoria, alrededor de ella se alinean muros de hormigón. Los muros son vientres de ballena en cuyo interior la vida no germina, al contrario, parece ir desgastándose. Seres de granito que percuten en el vacío llenan las esquinas. Y, más allá, los automóviles como un enjambre rabioso. Una calle cualquiera de San Pedro Sula está echada en la página y lo desafía. Hasta este momento la paradoja colinda de manera perfecta con la realidad.

Más tarde aparecerá el autobús, uno de esos armatostes de hierro que se ponen a la cola de todo. Está atado al espacio todavía, por eso no puede desplazarse, o se mueve de manera tan enredada que su propio motor se ha colgado de sus bielas.

Luego aparecerán los muchachos, silenciosos, adictos a un amor de muchachos, unidos no sólo desde las membranas del corazón sino también desde el sonido. Un hilo de cobre atrapa sus oídos y se extiende hasta un pequeño reproductor de música. Tampoco se mueven, están estaqueados a la acera y dan patadas al tráfico. Tal vez miren el horizonte o sea el horizonte el que reclame sus figuras.

Un tercer actante entra por una calle lateral. Se parece a una oruga, pero en el lenguaje del escritor pronto se transforma en un pequeño taxi; es el único que no se ciñe a las aporías, que cruza con desenfado toda la intersección. Un hueco labrado por la lluvia milenaria en el asfalto lo espera a mitad de la manzana, en él los neumáticos se atoran todos los días. Parece una calle que no se extendiera de forma horizontal sino que se introdujera en la tierra. El hueco y el taxi comprobarán el primer paralogismo de Zenón.

En la página que el escritor tiene fijada a la máquina han empezado a crecer los hierbajos y el asfalto se ha mojado. La misma ciudad parece desmoronarse, pero sólo en la página, porque en la calle de verdad el tráfico amaina. Toda esa inmovilidad no tiene razón para la lógica, ni siquiera el sol que acuchilla con sus alfileres los ojos de los muchachos. Al escritor le ha brotado un nuevo sentido, por eso percibe lo que va a ocurrir nomás los sucesos pierdan su ritmo y se precipiten.

El amor que se tienen acrecienta la confianza de la pareja. En otro contexto, hace rato que se hubieran decidido a correr siguiendo una regresión infinita. Si continúan en la esquina es porque no tienen a dónde ir, porque la historia que fluye en la página los ha frenado sin remisión. En ese instante el escritor se decide a disentir del mundo. Basta con que afloje la cabeza para que las cosas vayan a buscar su lugar.

Eso sucede a continuación y, entonces, el enorme autobús traquea, se libera y avanza. Desde el otro extremo el taxi se encabrita. Son la representación exacta de Aquiles y la tortuga, pero no lo saben, ni entienden que esta historia trata de distancias y velocidades relativas, de que uno tiene que atravesar la mitad de la ventaja que tiene con relación al otro, pero que cuando lo haga, el otro ya podrá estar lejos. Y así sucesivamente, hasta que ambos reconozcan la existencia de una suma de infinitos.

Todo iría de maravilla si no fuera por la intervención del agujero labrado en el asfalto por la lluvia. La distorsión y el frenazo conducen al taxi al encuentro con el autobús. Una ley natural se rompe con la irrupción de las carrocerías. Suerte que Zenón no ha tenido razón esta vez: el taxi recupera terreno en el último minuto y se encoge a tiempo para capearse el armatoste. De inmediato el autobús se ladea y derrapa, lo que aumenta su velocidad. De la paradoja de Aquiles y la tortuga pasa de inmediato a la dicotomía. El asunto es que ahora son los muchachos los que ingresan en la ecuación.

Esta historia es un homenaje a ellos, por eso hay que puntualizar ciertos aspectos relacionados con sus vidas. Sus rostros son un decorado de ansias y sus cuerpos el trampolín desde el que esos deseos se abalanzan sobre el mundo. Ella no es bonita, pero tiene unos labios que incitan a la compasión; él no es altivo, pero una manada de logaritmos se agita en su cabeza. Hay algo complementario en la manera en que mueven las manos, o en cómo tuercen los ojos para evitar la luz de frente. La estructura emotiva de ambos se halla sosegada, inerte, como si las clases de cálculo o geometría que piensan recibir más adelante en la universidad hubieran castrado sus inteligencias afectivas.

El autobús ha salido despedido y ahora enfila hacia la calle. El lector ya sabrá a este punto que el epicentro de la calle es la pareja.

Zenón auguró hace siglos lo siguiente: si se lanza una flecha al espacio vacío, en cada momento del tiempo que dure el recorrido de la flecha, ésta se hallará en una posición específica. Si cada momento es demasiado pequeño para ella, la flecha no tendrá tiempo de moverse, por lo que estará siempre en reposo, pero si comparamos cada momento con otros adyacentes, veremos que la flecha estará en una posición distinta de la que estaba antes o se encontrará después, por lo tanto, se está moviendo. El movimiento sería la sucesión de los distintos espacios ocupados por la flecha. El escritor que sirve de testigo casual del hecho que ocurre en esta historia comprende que eso sucede, precisamente, con el autobús. Hay leyes concretándose y anulándose en su sinuoso desplazamiento. Para Zenón los muchachos nunca podrán ser alcanzados; sin embargo, los escritos del matemático escocés James Gregory aducen que sí.

El autobús deja atrás la primera mitad de la distancia que lo separa de la pareja. En ese instante ambos emprenden la fuga. El hilo de cobre atado a sus oídos les impide separarse al principio; además, uno de ellos patina en el bordillo. Cuando logran arrancar de veras, el autobús acomete la mitad de la otra mitad de la distancia. A los ojos del escritor, el único que disiente de la ecuación, nada se mueve o sólo se mueve en una dimensión que sobrepasa a todas las realidades. Los muchachos han sumado unos metros en el momento en que el autobús, después de haber traspasado todas las fracciones posibles, alcanza el lugar donde se encontraban al principio.

Entonces todo vuelve a comenzar, el autobús acomete la primera mitad de los metros alcanzados por los muchachos, luego la mitad de la otra mitad, luego la mitad de la mitad de la otra mitad y todos los fraccionamientos que los números naturales permiten… pero cuando agota esos metros y llega al sitio en que estaban los muchachos, estos se han proyectado unos cuantos centímetros adelante. El proceso se reinicia y ocurre lo mismo, ahora hay milímetros de distancia y luego nuevas fracciones que traerán otras y otras y otras, hasta el cansancio…

Para no fastidiar más a su audiencia, el escritor dispone rechazar a Zenón y a sus aporías. No es posible la imagen de un autobús que persiga a una pareja de enamorados por toda la eternidad. Lo rechaza también porque no quiere darse cuenta de lo que ha sucedido o sigue sucediendo. Hay una dilatación del campo visual que perturba los acontecimientos; por una parte, todo se ha consumado y, por otra, está lejos de contener un final. Lo único verosímil que el escritor puede sacar en limpio es que en una calle céntrica de San Pedro Sula hay una pareja de muchachos tumbados en el asfalto, agonizantes. Lo consuela saber que ya nunca van a envejecer: que tendrán siempre la misma edad, el mismo amor y la misma muerte.

EL VAIVÉN DE LOS SIGNIFICADOS

Sapir, Whorf, Deutscher, Chomsky, Everett, las eternas compañías del escritor en sus pequeños raptos creativos. Cada uno metiendo baza en su cabeza, nombrándole el mundo a su manera. Y por más que el escritor lea y relea sus hipótesis descomunales, siempre sospechará que hay algo que se queda afuera, que no encaja allí. Una idea fútil que agujerea el fondo de sus investigaciones, que conspira contra los razonamientos lingüísticos que los empujaron al pugilato. Al escritor le gustaría concluir que la lengua es una monserga, dar un manotazo a la página y poner pies en polvorosa, pero no puede hacerlo. La materia del mundo es verbal, lingüística, según los supuestos de estos científicos del lenguaje, y todos estamos encasillados de alguna manera dentro de esta materia.

Salir a las calles y pasear por ellas no basta y, emborracharse, tampoco. La calle es una larga sucesión de frases hechas y la botella contiene un vocabulario completo. La lengua está en todas partes, según Sapir y Whorf, y decide el destino de los hombres; para Noam Chomsky sólo se trata del esbozo de un destino universal que cualquiera puede sortear con elegancia. Mientras que Everett piensa que hay huecos en la cultura producidos por el asentamiento de la lengua en la conciencia que empujan a la humanidad a liberarse de su origen religioso.

Con tanto enunciado rebotando en el cráneo, es sensato imaginar que la realidad es una imposición descabellada. Hay algo que se nubla cada vez que lo volteamos a ver y las palabras son los únicos indicios con los que contamos para que no se borre del todo. Las palabras hacen surgir las cosas de esos rincones del espacio, las llevan a la cabeza y nos restriegan los significados o por lo menos nos ayudan a comprender volúmenes, fuerzas, colores, trazos, rencores, malevolencias, juicios, vicisitudes, estampidas. Nos permiten transitar el caos y salir indemnes de él.

Mientras pasea, el escritor puede elegir a su lingüista favorito: con Sapir hay que tener los sentidos en tensión: la lengua es una encrucijada y se puede terminar en el agujero del infierno saboreando los rescoldos de un determinismo escabroso. Whorf trató de sacudirle las aristas a las ideas de Sapir y junto a Guy Deutscher propusieron una leve mejoría conceptual, imaginativa; su relativismo consuetudinario sólo puede sostenerse en la cabeza del lector gracias a la variada gama de colores que componen el arcoíris. Con Chomsky asistimos al cruce genético, esa idea de la universalidad de las almas. ¿Y Everett? Éste niega la recursión del mundo gramatical y somete a los hablantes a la experiencia personal y directa, nada de números, memoria colectiva o representaciones religiosas o artísticas. ¿De quién hacerse acompañar, entonces?

Como el escritor todavía no se decide, el cuerpo acelera la marcha, trompica. También el desplazamiento es verbal, un núcleo de desinencias tirando las piernas hacia adelante. El bulevar que ha tomado está libre de adverbios; sustantivos en forma de gránulos de asfalto replican su caminata impostada. Uno que otro pronombre detrás de los rostros de los conductores que pasan con sus "rapiditos" endiablados. El sol con su adjetivo fácil, hasta aquel lugar del puente en que los verbos se traban.

No hay hacia dónde caminar, el tráfico se ha roto y las interjecciones sacuden el dolor en las gargantas de los curiosos. Qué habría pensado Everett ante tanta calamidad. En esta tribu que bordea el puente de Megaplaza tampoco los verbos reconocen el futuro. La acción vive un presente perpetuo. Me acerco y miro. Cinco metros y medio de caída libre, más el cemento reforzado que aprieta como el granito. La muchacha debió de hacer un clavado perfecto. La disposición de los objetos indirectos en forma de pelotas de sangre preludia la noticia. Todos están de acuerdo en eso, menos Whorf desde su indagación abreviada de la realidad. Al investigar entre los nativos Hopi de Norteamérica, Benjamín Lee Whorf se dio cuenta de que su lengua no tiene expresión gramatical que denote tiempo, por lo tanto, dedujo que sus acciones cotidianas deben ser validadas por la voz del hablante para ser consideradas como ciertas.

Aquí, en el puente de Megaplaza, hay que validar todo desde el principio. Desde las causas hasta las consecuencias que muchos confunden. El escritor decide escuchar la voz de la multitud. Murmullos en sordina o los verdaderos chillidos. La lengua entrampada en el puente, el lugar que ha escogido la muerte para renegar de los significados. Después de media hora de entonaciones y falsetes, el escritor saca la siguiente conclusión: a esta chica la roía el amor. No hay lenguaje para eso o sólo el que propone la muerte. Con Eduard Sapir uno puede creer que el muchacho de que estaba enamorada la engañó, pensar que tenía un embarazo de tres meses y un pánico del demonio a sus padres. Incluso, puede considerar que vivía en un mundo diferente al que le mostraban sus sentidos. Si las palabras determinan lo que percibimos, es factible imaginar al muchacho huyendo de aquel amor que roía el interior de la muchacha o dejándole recados encriptados en los árboles. Al otro lado de ese mundo que percibía la muchacha estaba su barrio plagado de niños que esculcan en la basura. Basta un asomo en él para dejarse ir, para darse cuenta de que nada tiene valor y que la vida no es más que un arrojarse al fango.

A Whorf le hubiera agradado sostener que la muchacha no estaba enamorada del todo. No había por qué lanzarse al vacío, al menos que alguien la empujara. La realidad de la chica no difería de la del muchacho del que estaba enamorada, aunque usaran términos disparejos y volubles. Sin embargo, lo importante era la experiencia, la categorización de los problemas de la comunicación sentimental. La muchacha orientaba sus afectos hacia el muchacho, pero había un hombre casado que también entraba en ellos. El embarazo podría ser cierto, sólo que inútil, puesto que ninguno de los dos estaba dispuesto a encararse con aquella responsabilidad. La muchacha percibía el mundo desde su corazón y allí no mandan las palabras ni la lengua. Tampoco los razonamientos de unos tipos inteligentes que recorrieron el mundo en busca de pruebas para refutarse.

Otra versión de la historia rechaza todos los hechos. El escritor se da cuenta rápidamente que es la idea más generalizada entre los grupos. Para una madre descuidada es fácil renunciar a las volubilidades de la hija. Como hizo Deutscher con el prisma de los colores, lo importante es saber de dónde surge el estímulo y cuáles son sus variantes.

Si no existe ningún amor de por medio, éste es el suicidio más triste que existe. Lanzarse del puente es un hecho vacuo, carente de significado y explicación. El lenguaje no tiene cabida allí y de nada sirve que el escritor haya llegado a tiempo y que cavile acerca de la realidad y de los elementos que la componen. En caso de que la madre de la muchacha tenga razón, se ha sufrido por nada.

A último minuto aparece un tipo que espera salvar la situación. Trae la versión de los medios, la que se antoja a los micrófonos y cabe en el recuadro de la cámara. Es un palurdo que entra en volandas con cara de sabérselo todo. Acaso haya leído el relato de los Amantes de Teruel en internet y quiera trasplantar la historia. San Pedro Sula no tiene trazas para ello, pero con un poco de paciencia se le puede seguir la corriente. Lo primero que hace es idealizar los espacios: el puente de Megaplaza deja de ser la burda joroba de cemento y el barrio que lo rodea adquiere matices de Montparnasse. Sin embargo, lo traiciona la lengua, todo es improductivo y raquítico en su expresión, hasta sus clichés. El tipo revisa los documentos que hay en cada rostro de los curiosos y toma una determinación: la historia es digna de los principales titulares, hay que inmortalizar a los protagonistas. San Pedro Sula merece tener una patética realización amorosa que sobrepase las lenguas y los tiempos.

Al escritor le empieza a parecer todo esto una zafiedad. Hay que respetar, aunque sea una vez, los designios del cerebro, que no del corazón, que siempre se delata solo. La muchacha pretendía llevar adelante su numerito en solitario. No le importaban las teorías ni la mezquindad humana. Ella y el corazón decidieron todo, lo demás sólo es una serie de equívocos que cada cual interpreta a su manera o como lo ha entendido a partir de las teorías del lenguaje. El hecho de que todo parezca ahora un desatino de la naturaleza se debe a la intromisión de ese tipo de los medios y a la discordia de las lenguas que, desde la Torre de Babel, han empujado a los hombres a la disensión.

Poner un poco de orden en la historia le corresponde al escritor, pero ahora se encuentra con el ánimo desgastado. Según los mecanismos de la lengua en una narración, todos dicen la verdad y todos mienten, incluso cuando no hallan qué decir y guardan silencio. Nadie es capaz de acercarse al hecho concreto sin intentar encubrir algo de él. Ni el mismo escritor que se ufana de haber arrastrado en su carrera gramatical a Sapir, Whorf, Deutscher, Chomsky y Everett. ¿Qué se puede hacer para terminar con esta historia cuanto antes?

Tal vez soplar sobre lo que ha dicho y borrarlo todo. Seguir caminando como si nada. Traspasar el bulevar, ir contra el sol y su adjetivo fácil, lograr alcanzar cuanto antes aquel lugar del puente en que los verbos ya no se traban. Prescindir de las palabras, negarles todo su contenido, aniquilarlas. Sin palabras a la vista ya no existen los acontecimientos, el puente se halla desolado en toda su magnitud, la muchedumbre extinguida, ninguna muchacha se ha arrojado al vacío y el amor es un hueco abierto en el espacio.

TREN A LA DERIVA

Mi amigo Giovanni Rodríguez me pide que cuente acerca de lo que me sucedió un día en que me entrampé en el tráfico de la Tercera Calle del barrio El Centro de San Pedro Sula y estuve a punto de ser embestido por el tren. Un tren diminuto y cansado que dejó de circular hace tiempo y del que aún se añora el alboroto que armaba.

Recuerdo que por ese tiempo leí el cuento "Continuidad de los parques" de Julio Cortázar y encontré algún paralelismo entre lo que me sucedía y la narración del escritor argentino. Era como si hubiera creado las condiciones en mi mente y el tren estuviera formado de antemano en mi conciencia y sólo bastara soltarlo en la calle para amenazarme con sus fierros. Lo cierto es que me asusté hasta el final, cuando el primer vehículo en la bocacalle zigzagueó entre los tenderetes, azuzó el motor y propició el espacio para que pudiera avanzar. Avanzar es un decir, en esa zona de San Pedro Sula los vehículos se arrastran por el asfalto.

Una vez fuera del atasco pensé en mi invulnerabilidad, en mi estrella. Me creí distinto al resto del mundo sólo por el hecho de haber escapado ileso de aquel acto inamisible. Entonces no entendía que en San Pedro Sula ese era un incidente usual, cotidiano, uno más de los tantos absurdos con los que hay que lidiar en sus calles. Unos meses más adelante caí en la cuenta de que no se trataba de algo especial que sólo me sucediera a mí; yo era uno más de los cientos de ciudadanos que han debido enfrentarse al mismo dilema mientras manejan por el Centro: atreverse a saltar por encima del auto que nos bloquea la salida del terraplén ferroviario o esperar el último segundo, abrir la portezuela y huir como un condenado.

Sin embargo, ese hecho, inaudito en un país civilizado, promovió mi interés por aquella bulliciosa sección de la ciudad que se había ido enfriando conforme el tren, con su trote asmático y su animalidad, dejó de circular por completo. Porque es seguro que algo cambió en el paisaje cuando aquella máquina tartajosa se convirtió en una sombra. Las voluntades, las personas, sus historias y por qué no, hasta su manera de encarar la existencia, se transformaron de forma irremediable. Me consta que miles de individuos, cuyo sustento dependía de las alocadas travesías del tren, empezaron a inventarse una vida distinta. Pienso que los viajes diarios del tren constituían el límite de la imaginación de esos individuos que vagaban con indulgencia por los alrededores de la línea férrea y que una vez que se sintieron liberados decidieron buscarse sus propios lindes interiores.

Por ese tiempo el centro de San Pedro Sula se estrechaba a pasos agigantados mientras los costados engordaban. La ciudad padecía de convulsiones y cada semana algo se descomponía de manera irremediable, como si el estado de permanencia que se imponía en las cosas ayudara a conformar un orden diferente. Nadie imaginaba que el tren había ayudado a mantener, en los barrios de su influencia, el estigma de lo pasajero, de lo volátil o precario. Sólo el que tuvo la oportunidad de seguir el recorrido del tren entre el maremágnum de tenderetes podrá hacerse una idea verdadera.

En algún momento de la mañana la máquina tropezaba con el asfalto y empezaba a emitir sus pitidos. Luego enfilaba hacia la Siete Calle y asomaba su rostro caballuno al escalar el terraplén que allí comienza a empinarse. Un silbido más agudo, una cuadra adelante, indicaba que era hora de desmontar todo lo movible entre la Primera y Segunda Avenida. Las chabolas salían de su camino, por arte de magia, las mercaderías volaban, el cinc rugía, los fuegos se apagaban; hombres y bestias culebreaban entre los puntales con celeridad. Nunca vi un desmantelamiento más exacto; hasta los mismos afectos parecían sacarse de sus bases.

El tren trotaba y hacía tambalearse a los edificios adyacentes, les renovaba las cáscaras y el hollín. Todo lo que no estaba bien asegurado cambiaba de lugar, se transformaba o salía despedido hacia las nubes. Para los chiquillos de las riberas, todo aquel torbellino de cosas que aleteaban era motivo de alegría; les gustaba mirar la drasticidad de las modificaciones mientras gritaban y correaban sus letanías soeces; algunos arrojaban sus desperdicios a la línea para escuchar sus crujidos. Sin embargo, sus padres no se contentaban, ni sus abuelos, al contrario, hipaban con un dejo de tristeza y más de uno vertía una lágrima. Sólo los muchachos mostraban indiferencia, como si en su ardor juvenil no pudieran imaginarse las despedidas que quedaron truncadas o las que se fraguaron de manera inútil en la estación abandonada.

El vacío que dejaba la locomotora con su alejamiento dio pie a la aparición de nuevos complejos. Todos fingían volver a la normalidad después de su paso errático, pero era seguro que nadie lo lograba. Volver a armar las chabolas no los eximía de la tristeza. La gente se siente sola después de que el mundo se ha agitado, después de que sus vidas descienden a la rutina de golpe, entonces afloran las afecciones, los dolores, los pesares, los hábitos descontrolados. Es de allí de donde nacen la literatura, los libros.

Los individuos que sienten que han perdido algo que los mantenía ocupados son proclives a dejarse extraer los afectos. Pude comprobarlo. No les importa mentir para recuperar lo que piensan que les ha arrebatado el futuro. Llenan su mente de recuerdos que no llegaron a concretarse del todo, que pasaron junto a ellos sin tocarlos. En ese estado de pasividad las historias se multiplican, se enriquecen. Acercarse a ellos es un deber, una parte del mundo queda atrapado en su interior y es una obligación del escritor tirar de ella aún a punta de chantajes.

Así lo hice yo y, entonces, la historia del muchacho quedó al descubierto. Un muchacho cualquiera, cuyo cuerpo no contaba para el paisaje, estaba al borde del terraplén como una piedra o un objeto informe. El alcohol que se revolvía en sus tripas lo llevaba a sudar, un sudor verduzco y aceitoso. Todo el mundo se daba cuenta de su anormalidad, de la manera como cada día iba pareciéndose al entorno terroso. No digo que oteaba el horizonte en busca del tren, pero había en él un sentido que permanecía alerta. Sólo se movía si escuchaba el estruendo acercarse. Es obvio que sentí curiosidad, que inquirí a sus vecinos. Ellos no entendían, nunca entendieron. Sus explicaciones eran torpes, hasta contradictorias y fáciles.

El muchacho no esperaba a la joven que un día abordó el tren y le prometió que volvería, no esperaba ese amor dulce de su primera juventud a cuyo rumor siempre se vuelve. No había idealizado a nadie ni soñaba con una redención sentimental. La muchacha que había tomado el tren en la realidad, hacía tiempo que había regresado a él, todas las noches lo esperaba en un cobertizo sucio de la 23 Calle con sus tortillas ahumadas y sus frijoles bien calientitos.

Era una chica avispada que vendía baratijas para mantener a aquel muchacho que se había quedado varado a la orilla de la línea y que esperaba un tren infinito. O más bien que esperaba algo que se había diluido en el aire. Tal vez como Eladio Linacero, el protagonista de *El pozo*, la novela de Onetti, el muchacho esperaba la materialización del pasado, que volviera enredado en las ruedas del tren; pero no todo el pasado, sólo el que concernía a la juventud de su mujer. Quería a la muchacha antigua, hasta inocente, que había aparecido una mañana del tiempo montada en la locomotora. No ésta que le había dado hijos, lo calmaba y se partía la espalda todos los días para darle de comer. La locomotora le aireaba ese recuerdo del pasado, lo vivificaba, y tal vez por eso el muchacho se aferraba a esa esperanza.

Al final supe que el muchacho pertenecía al gremio, como yo, de los que se habían salvado por un pelo de la embestida del tren; de lo demás ya no tuve tiempo de averiguar nada. Tal vez la ciudad superó con creces la ausencia del estropicio del tren, o lo sustituyó por otro. Los humanos a todo nos adaptamos. Lo cierto es que en la actualidad el tren se ha convertido en una vergonzosa atracción de feria y es seguro que aquel muchacho asustado que desconocía a su amor verdadero, también.

PÁLPITO DE GUERRA

Al pasado no se regresa con la memoria; en realidad se vuelve a través de las emociones, la exaltación, o con las voces pacientes del mundo que saben arrancarnos de la comodidad del momento. Esas voces, como le sucedió a Marcel Proust, están presentes en la hondura del intelecto, pero sólo un estímulo de un gran nivel afectivo puede arrojarlas a actuar, es decir, hacer que empujen la conciencia hacia la recordación. Para Proust bastaba un color, una hoja suelta, el olor de la tierra, la formación de la luz en el horizonte, un nombre, una mota de polvo que oscila; en el tiempo de esta historia, después de tanto revuelo de neón y señales de TV que atontan la mente, se necesita más que eso para ir en busca del tiempo perdido.

Imaginaba eso cuando el hombre apareció en mi horizonte de sucesos. Constreñido por la luz de una tarde de junio, me pareció más un fantasma que una persona de verdad. La algarabía del parque central de San Pedro Sula, en plena Feria Juniana, se arrastraba con él desde la puerta. Me fijé: la luz combada del sol retenía sus zancadas de borracho y un par de lágrimas recientes acuchillaban su mentón. Todo era triste a su alrededor, incluso la música seca que ponían en el tocadiscos (sorteábamos el final de los años noventa), música que hablaba del vino y las mujeres, pero del vino amargo de las ausencias prolongadas o de las mujeres que se perdieron en el combate del amor.

El hombre amagó varias veces antes de dirigirse a mi mesa. La nebulosa del humo de los cigarrillos lo borroneó al girar y volverse de nuevo hacia la puerta, a un paso de ella volteó y enfiló hacia donde mi cerveza burbujeaba. Estaba preparado para todo, menos para su profusión, para su amargura fácil. Y como la vida es más artificial que la literatura, en ese momento empezó a pringar. Con una tormenta afuera vendrían la nostalgia y las confesiones. El mundo tendría un aroma a reminiscencia que lo traspasaría todo, imposibilitando el escape hacia la locura del carnaval que amenazaba con tragarse el parque.

Llamé al mesero para darme valor. Otra cerveza era necesaria para compensar el enorme vacío que el hombre imponía con su cuerpo. Me preguntó a qué me dedicaba. Tuve que mentirle porque adiviné que su carga no era del momento, que me retaba a que fuera con él a buscarla al pasado. Uno siente la inminencia del dolor, sabe cuándo un alma apesarada quiere descargar su contenido. No es que no me interesen las historias de la gente, es que precisamente he ido a un lugar como ése para huir de ellas. Al escritor las historias lo apabullan, todo mundo cree tener derecho a restregárselas en la cara. A veces lo rebasan tanto que busca los sitios concurridos para escapar de su influjo. Pero, por lo visto, esa tarde no habría suerte.

El hombre empezó a hablar, despacio, luego se fue calentando. Si sollozaba o no, no era de mi incumbencia. Yo sólo sorbía y dejaba que ese lado oscuro de mi mente tratara de poner atención y atenazara con liviandad sus añoranzas. La otra parte estaba con Marcel Proust, con ese mundo infinitamente pequeño y sensible que él lograba aislar cada vez que apagaba su vela e iba a dormirse. Las palabras del hombre venían de las canciones, de los murmullos de ancianos empalagosos que recordaban sin llorar.

Dos veces me amenazó con su botella, creo que no se atrevió a sacar una navaja que portaba en su cinturón. Tal vez entendía que yo no daba importancia a las vicisitudes de su corazón atribulado. Si él hubiera leído a Onetti sabría darme la razón: sólo los poetas y las prostitutas son capaces de consentir los sinsabores de los demás en sus espíritus y armar recuerdos con ellos. Los demás sólo somos comparsas, figurines de papel que arrugan o distienden su cara de acuerdo a la gravedad del asunto que se cuenta.

Más tarde el hombre se calló. Se puso soñoliento y veía a su alrededor como si creyera que lo vigilaban. La mucosidad de su nariz sustituyó a las lágrimas, tenía el mentón embarrado y la cabeza le caía de lado. Entonces me fijé en su cuello endeble, en los brazos raquíticos, en su pecho delicado. Todo su cuerpo negaba la historia que su memoria trataba de imponerme. El hombre estaba en el pasado, por lo menos su sección afectiva, y había arrastrado los hechos de aquella tarde hasta allí. A partir de ese momento me sentí fuera de lugar y los ruidos y los sabores adquirieron matices atávicos.

Es posible que fuera la tristeza del hombre la que consiguió llevar a cabo la trasposición. La parte oscura de mi mente lo había seguido hasta aquel tiempo brumoso del pasado. No sé si entonces comenzó a contar de nuevo o en realidad nunca había parado de hacerlo. Esta vez su historia tenía sentido, pero como siempre, seguí restándole importancia.

Muchos de los vejetes que fumaban sus cigarrillos raros y engullían las bebidas se acercaron a escuchar. Después no supe quién contaba, se conformó una turbamulta de voces. Docenas de frases que se referían a aventuras de guerra. Las guerras humanas contenidas en una sola, perenne y destructora. O tal vez no contenidas en una, sino reducidas a la batalla de un único corazón desbocado. En el interior de aquel hombre desvalido latían todos los rencores, se estremecían los odios más profundos. A continuación, no vi al hombre como un símbolo sino como una certeza. Por eso me porté como lo hice: lo dejé plantado en plena catarsis. Ni siquiera me detuve a pagar la cuenta antes de levantarme. Era mejor la frivolidad del parque o los desmanes del tráfico que hacen de la Tercera Avenida una sucursal del infierno.

La historia del hombre desconocido tuve que soñarla después para poder contarla. Nunca estuvo a mi disposición, nunca transitó el presente. Ni siquiera era épica o trágica, tampoco cómica o desmesurada. Era la refundición de todas las necedades humanas, de los desatinos de la especie.

Me pareció que en su historia la guerra del 69 era más una añoranza del heroísmo que un pretexto del desamor. El hombre confesó que se había enamorado tarde y que eso le dejó las membranas del corazón resquebrajadas. La nacionalidad de la muchacha era el problema. Lo había plantado ante la inminencia del conflicto, o la obligaron a plantarlo, nunca lo supo. Lo cierto es que su amada, con la que tantos futuros había imaginado, se esfumó una noche, tal vez siguiendo el mismo éxodo de los campesinos salvadoreños hacia su frontera. Allí le nació el odio verdadero, el que martillea en las entrañas. Una sed de venganza lo alentó a pedir el traslado. De la guarnición de la ciudad de San Pedro Sula a las barracas del batallón en Naco y luego hacia los sitios donde se peleaba o se fingía pelear. Llegó a tiempo para disparar a los soldados salvadoreños que se saltaban la frontera y fue de los pocos que se quedaron disparando cuando aquellos tomaron impulso y provocaron la desbandada. A su denuedo y heroísmo lo impulsaba el desquite, cada tiro llevaba una dedicatoria: los paisanos de la muchacha pagarían en sus cuerpos lo que su propio cuerpo padecía. No supo a cuántos soldados salvadoreños les rompió el corazón, literalmente. Lo cierto es que se batió con pasión y estuvo a punto de masacrar a una partida de combatientes enemigos que rodeaban una aldea. Se contuvo hasta que se le acabaron las municiones. Creo que el hombre aseveró que nadie quiso reconocerle su sacrificio, ni porque hubiera estado perdido y aguantara hambre durante un par de días en un cerro de Ocotepeque. Volvió con el furor a medias resuelto y fue uno de los que lamentó la firma del cese al fuego. Si la lucha hubiera seguido se habría despojado del todo de ese sentimiento magullado que lo zahería, según entendí, pero como se detuvo, aún guardaba resquicios de él. Por eso le daba rabia, se emborrachaba y se ponía triste.

Nunca volví a ver al hombre ni a saber nada de él, aunque seguí visitando con alguna regularidad aquel sitio de bebidas del parque. Sé que anda por allí contando a otros una versión distinta de los hechos en que participó, he escuchado rumores. La historia del mundo es tan falsa y ridícula que se vuelve a ella siempre por los canales equivocados. Ese hombre, por lo menos, eso lo comprendía bien.

TRANSITAR LA MUERTE

Pienso en el poema "Himno a la materia" de José Antonio Domínguez como el manifiesto espiritual de un hombre que poco a poco se despide del mundo. Más que una disquisición filosófica sobre la esencia suprema del universo, el poema presagia un alegato verbal contra la impostura de la muerte que encubre siempre los finales y con la que nunca es seguro trasponer portales definitivos. En el desarrollo del poema las cosas asumen su doble condición: por una parte, son la sustancia de un tejido animal, vegetal o mineral que se defiende de la aniquilación y, por otra, ellas mismas constituyen el germen de esa aniquilación cuando derivan hacia la transferencia de sus moléculas y adquieren el vívido esplendor de lo renovado. Al final, el hombre, su conciencia, se halla atenazado en esa doble contradición de las cosas y su naturaleza, dominada por los sentimientos y las emociones más elementales, busca el deslinde, la discrepancia que lo ayude a encarar la crisis que supone entrar en la insignificancia de una existencia determinada por un átomo solitario.

Si nos atenemos a lo que expresa el poema desde el principio, José Antonio Domínguez debió de sentir el peso abrumador de esa crisis a muy temprana edad. Era un adolescente todavía cuando su espíritu, atrapado sin duda por los últimos coletazos del movimiento romántico europeo, alcanzó a comprender los sutiles mecanismos que mantienen el universo funcionando y a través de los cuales éste tiende hacia lo perecedero, lo eterno. "En vano la muerte apaga con su helado aliento las llamas de la vida unas tras otra", se lamenta el poeta en la apoteosis de su poema y hay en esa frase un asombro proverbial, lastimero, franco. Más que una afirmación metafórica, parece el grito rebelde de un hombre que no está conforme con su existencia, que la desdeña y trata de sacársela de encima a toda costa.

Algunos de sus amigos afirmaron que había en José Antonio Domínguez una cierta propensión al suicidio. Un sinsentido que lo llevaba de la euforia más escandalosa a la tristeza más sublime en unos pocos segundos. Quisiéramos creer que era un individuo marcado por el "Sturm und Drang" del momento y que eso lo empujaba irremediablemente hacia la melancolía, hacia la destrucción. Sin embargo, también habrá que reconocer que fue un hombre de un accionar espontáneo, de marcado tesón, de esos que se ponen al frente de los acontecimientos colectivos y los conducen hacia un objetivo pleno. Desde el futuro en que lo vemos ahora se nos hace difícil conciliar las distintas personalidades del poeta, no sabemos si ponderar el valor del hombre solitario tirado al fondo de su cuarto, apuntándose con la pistola al final de su vida, o juzgar el entusiasmo del individuo decidido que preside el Ministerio de Instrucción Pública con eficacia.

Pienso, no obstante, que a José Antonio Domínguez hay que imaginarlo lejos de los espacios bulliciosos de la política citadina, a la cual recurrió como último recurso para escanciar en sus dominios la poca esperanza que iba quedándole. Fue un hombre de época. La llegada de la Reforma Liberal a Honduras debió de ponerlo exultante. Imaginó la redención de los pueblos como algo animado que pende de un idealismo trascendente. Nunca entendió que la historia es un ciclo de repeticiones, que las leyes nacen de los caprichos de los gobernantes y que el destino es esa cosa mostruosa sujeta a las vicisitudes del tiempo.

En algún lugar del poema estalla su voz verdadera, como una exclamación de vergüenza con la que trata de despojarse del ultraje que le produce en su organismo la escalada de transformaciones en que sustenta la existencia de la realidad. Una voz de azoro con la que se esfuerza en contradecir al mundo: "Lo que el hombre llama muerte y la teme a cada instante, es sólo una apariencia, un accidente". Apariencia o no, esa idea funesta le irrita su alma hasta descomponérsela; de allí emana la energía que empuja su determinación de acabar de una vez. El poeta trata de mantenerse en los límites de la razón cuando planta cada verso, pero, oculta entre cada línea, está su decisión de no vivir más, de desafiar las leyes generales de la naturaleza. Tal vez lo que muchos vieron como desdén enfermizo por la vida haya sido en José Antonio Domínguez una forma de rebelión espiritual.

Lo cierto es que para entender la visión de este poeta hondureño, a medio camino entre el "spleen" del Romanticismo y el júbilo del Modernismo, hay que tratar de viajar con él hasta el momento crucial de su vida, ese instante misterioso en que se aleja, a paso redoblado, del salón de la casa de su familia en Juticalpa y se parapeta en su cuarto. La ocasión dura unos minutos en realidad, pero para José Antonio Domínguez significa todo un lapso de tiempo vivido. Ha venido a parar a su cama y por su cabeza pasan en tropel todas las realizaciones trascendentales que ha conseguido en su vida pública, lo mismo que sus innumerables fracasos. Es el tres de abril de 1903, Domingo de Ramos, y el país se ha convertido en un caos de nuevo debido a otra elección fallida. La ciudad de Juticalpa está asediada por las fuerzas del general Manuel Bonilla, que le son adversas al poeta. Tal vez tenga miedo, dolor o vergüenza. O tal vez sea la oportunidad que lleva hace tiempo esperando. Ese día el azar ha puesto sus creencias en la picota y él se revuelve en la cama como un pequeño loco. Su memoria salta en todas direcciones, busca aferrarse a algo que pueda anular sus pensamientos desbocados. En algún instante su mente debió de desempolvar aquella composición entrañable que escribió hacía un año y, enseguida, las frases empezaron a fluir con una cadencia más firme, más determinante, por su cabeza. Recuerda que "Himno a la materia" es su mejor poema, con el que más se identificó, tal vez porque le desgarró algo por dentro cuando lo compuso.

La pistola descansa en la gaveta de su mesita de noche, todavía es parte de ese universo que se estira y se recompone, condenándolo. Su cabeza, que funciona con todo el vigor de la desesperación, repite el ritual de las frases antiguas. Allí está de nuevo el amasijo de palabras presentándose como aquella primera vez:

¡Oh materia sublime, eterna y varia (…) materia que en el vasto mecanismo (…) Oh, materia infinita y soberana (…) la simiente de que brotan en mágicos regueros las vidas de que surgen nuevas vidas (…) Tú eres lo único eterno; tú no aumentas, tú no disminuyes (…) Cuna y sepulcro de los mismos astros (…) El hombre iluso, nacido del calor de tus entrañas e hijo tuyo a toda hora, no comprende (…) ¡Mil veces salve!...

Cada frase acerca su cuerpo a la bala. Nunca la agitación lo había llevado a un estado de tanta lucidez. Puede ver sus tejidos perpetuándose, su alma como la materia de un estrella enorme. Los hombres del futuro alumbrándose con la luz de su conciencia. Sus huesos como blancos capullos de flores vibrando en el campo. Es preciso entrar de una vez en ese vertiginoso espacio sin redención, sin escrúpulos, sin Dios, imagino que piensa José Antonio Domínguez mientras hurga en la gaveta. Sus músculos se tensan con la gravitación del acero. Muy pronto la materia de su corazón evolucionará de lo orgánico hacia lo mineral. Estará tan cosido a la tierra que ya no necesitará de los afectos de los hombres. Esos que le buscan en la plaza, que lo llaman desde la encendida discusión de la sala.

Un rayo último de sol dimana desde la pared rota de la casa y tropieza en la pistola. El pecho de José Antonio Dominguez se engrosa por la avidez del fuego que lo penetra. El presagio funesto que rondaba cada verso del "Himno a la materia" ha logrado volverse una concretación, fundirse con las cosas. La materia de sus pensamientos, esa misma materia que se confabuló en su destrucción, chorrea hacia el futuro. Nadie llorará por esos restos en que se cuajan átomos de hidrógeno y de helio. Ni siquiera se darán cuenta de su transformación.

No hay mucho revuelo en la Honduras de aquel entonces por la muerte de Domínguez. Ni lo habría en el futuro, en el que se secarían sus despojos. Aquí no se llora a nadie y menos a un poeta. La materia de su cuerpo, lo mismo que la mayor parte de su obra, se dispersa como el polvo. Va por los caminos, huérfana de hombres. En algún momento de la historia su corazón fue un accidente en el tiempo; una voluta de vida que se impuso a la radiacción y al fuego de los astros. Lo demás es el profundo vacío de las transformaciones, o como él mejor lo dejó dicho en su poema:

El hombre vive sobre un planeta opaco y pequenísimo donde la vida es corta y sin objeto: gusano miserable que se sueña muchas veces gigante, y por desdicha despierta de su sueño de locura para caer enseguida en otro sueño, y así pasa entre sombras y quimeras hasta que muere al fin...

GARABATEAR EL DOLOR

Desde Esquilo, "pathos" significó asombro, padecimiento, dolor, el camino tortuoso que los dioses trazaron a los mortales para acceder al conocimiento último de las cosas. Sin embargo, fue Aristóteles quien definió el alcance final de la palabra, el que acuñó su significado verdadero y ancló su valor semántico al discurso. De la conjunción de afinidades con otros vocablos nació la *Rhetorikè* griega y su enorme influencia en la historia de la literatura y del pensamiento occidental. Pathos es experiencia, según Aristóteles, pero también es pasión, pena y, en las obras de los grandes maestros o en el teatro universal, el gancho principal, la anécdota y sus circunstancias, que atrapa el interés del espectador.

Si nos apegamos a la idea anterior, el hombre de letras está obligado a convertir su obra en una representación coherente de las penurias del mundo que lo rodea. Pathos, ethos y logos, para los griegos del tiempo de Aristóteles, eran términos complementarios, argumentos filosóficos en los que descansaba la significación definitiva del discurso literario y la puesta en escena de un atractivo espectáculo verbal. La *Rhetorikè* debía servir para convencer al lector, desde la primera ojeada y sin dejarle pestañear, de la verosimilitud de los hechos que le mostraba el lenguaje y de su problemática gravedad. Y no importaba si provenían de la boca de los actores de una tragedia o los recogía de las páginas de un libro; el simbolismo evidenciado debía permear su voluntad de manera tan drástica y determinante que lo obligaría a tomar una decisión concluyente. Para bien o para mal de su propio destino o de la parte del mundo que participaba en su función. Por eso la tragedia griega está revestida de un sufrimiento que nos parece auténtico, a pesar de que se presenta siempre de manera tan ambigua.

Entonces es el pathos de la obra el que ordena el discurso, según los griegos. Lo consideraron siempre el foco de atracción hacia el que apuntan los ojos del público. Pero al mismo tiempo conformaba el accesorio que desencadenaba la digresión, el despiste. En última instancia, se trataba del entramado humano que conquista la simpatía del público o lo aleja de su consideración afectiva. En la Edad Media se trató de poner un límite a las ideas de Esquilo y Aristóteles o de recharzarlas, al juntar en una misma representación tragedia y drama; después surgió la comedia latina, que dio comienzo a la tragicomedia. *La Celestina* de Fernando de Rojas es un buen ejemplo de cómo el pathos de un individuo es capaz de volcar sobre sí la atención del espectador. El personaje más interesante de este libro es una alcahueta de lo más gandalla y lisonjera. Una mujer de mundo que se adentra en los vicios de los demás para sacar su provecho. Tal vez la intención del autor de la obra haya sido provocarnos emociones encontradas, hacernos sentir repudio por la actitud abyecta del personaje principal; sin embargo, al lector ella le provoca ternura, conmiseración, simpatía. Con personajes como la Celestina es más fácil comprender la naturaleza de los hombres. El lector presiente que detrás de esa mujer con alma de bruja hay un ser que actúa con toda la franqueza que se lo permite la conciencia. La Celestina es una creación infame, pero muy humana, la clase de individuo que las sociedades utilizan como pretexto para distender su conducta, es decir, para verter en ellos la gravedad de sus vicios.

En todas las épocas y tiempos ha habido individuos como la Celestina. Oscuros, huidizos, pero necesarios. Los libros los han sacado a la luz, les han dado su lugar en el mundo. Se les reconoce por su pathos trágico, porque ocupan los sitios abyectos que los afectos han ido dejando vacíos conforme se doblegan ante las circunstancias de la historia. Encontrar uno de esos personajes y convertirlo en un libro interesante es la meta oculta de todo escritor. De allí las ojeras y el desvelo, el carácter impresionable y la alerta casi supina que es consustancial a todo hombre de letras. Sirven para acercar la realidad a la literatura y montar el espectáculo verbal en que se sostiene un buen relato.

La Celestina que se cruzó en mi camino era un metro sesenta y ocho centímetros de puro sentimentalismo, de tristeza y zalamanería, y no estaba dispuesta a que aquella zalamanería y tristeza pasara desapercibida por el mundo, se desvaneciera solitaria en el hueco de su pasmado corazón. Así que tomaba la guitarra y patrullaba los sitios concurridos de San Pedro Sula en los que el jolgorio pudiera rebasarla y hacerla visible. La Avenida Lempira, por ejemplo, o los estancos malignos de la Siete Calle, entre los agujeros inmundos que rodean la línea férrea, etcétera. Allí cantaba a las ratas, a la podredumbre, a los restos humanos que orinan en las esquinas y zapatean sus desgracias: "Más dicha que dolor hay en el mundo, más flores en la tierra que rocas en el mar..." Y lloraba para el que quisiera verla. El espectáculo era digno de una tragedia griega o de una comedia latina, depende del lado en que se le viera. Una puesta en escena de esa magnitud es capaz de modificar el ritmo cansino de una ciudad que, como San Pedro Sula, parece exudar pesadumbre y desolación por todos sus agujeros.

Preví, desde el momento en que la lúgubre luz me permitió reconocer su tristeza, que debía sacarla del anonimato. Tenía su encanto a pesar de la madurez furtiva de su cara, una mujer que no dejaba que sus pies se encharcaran en el lodo del desaliento. La Celestina de los arrabales de San Pedro Sula había sido tocada ya por los hados, su fatum le precedía en todas partes. Ir a los lugares de farra le servía para desentumedecer la soledad que, como un perro, le mordisqueaba la falda. Había tenido un hijo de un padre multitudinario, según supe, jugos seminales de machos de distinto calibre coincidiendo en su pequeño vientre. Eso tal vez hizo al hijo proclive al delito, al fraude rencoroso, al tráfico del dolor. La muchacha que me acabó de contar la historia de la Celestina había sido parte del panel de víctimas de aquel muchacho opaco y brusco y aseguró que en el barrio donde vivía le temían como a la sarna debido a su precipitación feroz y a la locura de la madre que lo mimaba. Sin embargo, recordó que después de una retahíla de robos a mano armada que azoló la esquina de acción del muchacho, él mismo se convirtió en víctima propiciatoria.

La madre estuvo presente cuando lo acribillaron, una noche borrascosa. Había desamarrado tantos destinos ajenos con su papel de alcahueta que no pudo evitar la consumación del de su hijo, ni la tormenta que lo aterró en la cuneta, hacia donde lo expulsaron las ráfagas de un kaláshnikov desaprensivo. Tuvo que salvarlo de la inundación; la muchacha fue testigo de la escena patética. La pequeña mujer enfrentada a la corriente rabiosa, sosteniendo la cuerda que evita que el agua arrastre el cuerpo yerto y desflorado de su hijo. Aferrada al muchacho desde el tobillo, desde el corazón. Por encima de ella, la ciudad y toda la ira del cielo, los vecinos que escupen al ventisquero y se regocijan. El cuerpo magro que se bambolea entre la basura y vacía sus zumos en el agua. Le sobraron fuerzas a la mujer para arrebatárselo a los elementos esa noche y para esperar en vela toda la madrugada hasta que llegaron los forenses y todavía más para, dos días después, cargar ella sola con el ataúd hacia el cementerio.

Los vecinos hacen mutis mientras el féretro se balancea sobre la cabeza de la mujer; la tormenta es un recuerdo inverosímil y el sol le muerde los huesos de los antebrazos que sostienen temblorosos la caja. Su hijo es un anatema y pesa como tal, pero nuestra Celestina no se arredra. El peso del mundo se sostiene en su cuello y hace vacilar sus pasos de trasnochada. Así debieron imaginarse Esquilo y Aristóteles el destino de los hombres: cruzando entre el rencor general, inmutable, y con la muerte a cuestas. En el momento en que la mujer se pone a cantar, unos pocos se deciden a seguir el cortejo fúnebre, más por curiosidad que por altruismo. Cuando la muchacha que me contó vino a darse cuenta de la situación, todo se había consumado y derivaba hacia la fábula. La función había tocado a su fin y el pathos anidaba portentoso en las glándulas de los espectadores que se retiraban de la contienda. Ella lo olió en el aire y logró transmitírmerlo con las frases justas. Pude concluir entonces que, siglos después, los griegos seguían teniendo razón en todo. La tragedia humana es infinita e infinito es el teatro de sus acciones.

DON QUIJOTE ANTE EL OBTURADOR

Algunos críticos han sugerido que si Miguel de Cervantes hubiera nacido en el siglo XX habría sido probablemente director de cine antes que escritor. Tal afirmación se vuelve plausible cuando uno lee de manera detenida *Don Quijote de la Mancha* y se para a reflexionar en los detalles de cada uno de los capítulos que sustentan el argumento de la obra. Cada segmento está conformado por una serie de escenas dinámicas, encuadres, localizaciones, planos, secuencias y una galería de imágenes propicias más para su visualización en una pantalla de cine que para ser reproducidas con fidelidad en la nebulosa de la memoria. Es más, toda la organización de la obra, con las tres salidas del protagonista y los espisodios aparte de las novelas interpoladas y que cumplen una función de contención o de bisagra del asunto principal, responde, tal vez, más a una disposición cinematográfica que libresca.

El lector moderno, el que mantiene fija su mirada en el terreno y no se deja avasallar por las chaladuras de la cabeza de Don Quijote mientras cabalga por las tierras de Castilla, rápidamente se da cuenta de que se encuentra dentro de una escenografía móvil, es decir, una película de acción, corrediza, batiente, en la que las palabras sustituyen con creces a la cámara. Sobre todo en el momento en que alcanza el final del capítulo octavo: "Del buen suceso que el valeroso Don Quijote tuvo en la espantable y jamás imaginada aventura de los molinos de viento, con otros sucesos dignos de recordación"; y el principio del noveno: "Donde se concluye y da fin a la estupenda batalla que el gallardo vizcaíno y el valiente manchego tuvieron". Uno de los momentos cruciales del libro.

La Aventura del vizcaíno es un apéndice del famoso episodio de los molinos de viento del que Don Quijote resultó tan maltrecho. El enfrentamiento que Don Quijote tiene con el vizcaíno en esta parte del libro es digno de un filme contemporáneo, precusor en cuanto a técnica se refiere de *Matrix*, *Click* y de otras películas modernas. La imagen se congela en el instante crítico de la pelea y los contendientes permanecen suspendidos en el espacio mientras Cervantes se ocupa de otros asuntos más importantes para él. Es como si abandonara el set de filmación y saliera con la cámara en ristre a recorrer el mundo en busca de una justificación valedera para lo que vendrá a continuación.

Se vuelve pertinente explicar en este punto el origen de la pendencia. El vizcaíno es el escudero de una dama de abolengo que marcha en su carruaje por el camino de Sevilla, acompañada de unos frailes de la orden de San Benito. Don Quijote, en su locura, cree fervientemente que se trata de un secuestro. Se ha argumentado mucho sobre el simbolismo de esta escena debido a que se muestra en dos ocasiones de manera idéntica en el libro. La mayoría de estudiosos del texto piensa que se trata de una crítica disfrazada a la institucionalidad de la Iglesia, secuestrada en los tiempos de Cervantes por un clero corrupto y ambicioso.

La composición audiovisual que el lector percibe de entrada al enfrentarse con la lectura de estos dos capítulos está hecha para llevarlo a centrarse en el montaje, esto es, el desarrollo del combate escénico, propio del cine de acción. Los personajes actúan siguiendo la voz del director, quien les marca una coreografía ficticia. La secuencia sigue una serie de cuadros narrativos que tienen valor como imágenes móviles. ¿Será por eso que a los jóvenes de este tiempo se les hace tan difícil leer *El Quijote*? Tal vez les aburren las imágenes o ya nacieron con la incapacidad de ver en un núcleo de palabras pulcramente asociadas una fotografía. Lo cierto es que un buen lector puede convertir la secuencia de los capítulos octavo y noveno en una filmación de primer orden, partiendo de una división simple.

Propongo que nos imaginemos a Cervantes en medio de los personajes con sus aperos de cineasta y su megáfono: cámara, luces, acción. Allí va la verdadera realización cinematográfica deslizándose de su pluma. Toma uno: Don Quijote se pone en medio del camino, intercepta el carruaje de la dama y ordena a gritos detenerse. Toma dos: Don Qujote desestima los argumentos de los frailes que le piden que se aparte y arremete contra ellos. Toma tres: Los frailes huyen atemorizados por el campo mientras Don Quijote trata de convencer a la dama de que debe dirigirse al Toboso a agradecer por su liberación. Toma cuatro: El vizcaíno se siente ofendido por las palabras de Don Quijote y lo reta a duelo mortal. Toma cinco: Los contendientes preparan sus cabalgaduras para la que será una cruenta pelea. Toma seis: El vizcaíno lanza una cuchillada mortal a Don Quijote, que le daña la rodela. Toma siete: Don Quijote se encomienda a su dama, Dulcinea del Toboso. Toma ocho: Don Quijote y el vizcaíno van a su encuentro con las espadas en alto y con toda la determinación de traspasarse con ellas. Toma nueve: Cervantes interviene en la lucha, congela la acción y se desentiende de los personajes.

Lo que viene después no tiene parangón en la literatura española de aquel tiempo. Cervantes se convierte en personaje de su propia novela y empieza a narrarnos las peripecias que tuvo que pasar para conseguir el manuscrito que contiene la continuación del libro. Se revela entonces el nombre del supuesto autor de las aventuras de Don Quijote, un tal Cide Hamete Benengeli, historiador arábigo, y la participación de un traductor morisco que por unas cuantas fanegas de trigo lo vierte al español. Todo eso lo conocemos de primera mano, gracias a que Cervantes, como buen humorista que es, se toma las cosas a la ligera, bromea de gran manera y dilata la continuación de los hechos. Antes de pasar de nuevo a la pelea se divierte a costa de sus personajes, mientras prepara una ambientación adecuada a la gravedad del momento. Es hilarante conocer la pintura que hace de Dulcinea del Toboso, de quien dicen los cartapacios que tiene en sus manos que tuvo la mejor mano para salar carne de puerco de toda la región, en contraposición a la figura idealizada que ha hecho Don Quijote de ella. Vemos, además, la grotesca descripción que nos hace del escudero Sancho Panza.

La maestría de Cervantes como director de cine se reconoce por la manera en que introduce al lector de nuevo en la historia. A mitad del capítulo nueve regresa al combate que dejara congelado anteriormente, pero ahora la acción que abre la secuencia viene convertida en una jocosa pintura con rótulos al pie de página, como ocurriría en una película con subtítulos. Son los rótulos los que mueven el accionar de los personajes, lo ponen en marcha, puesto que es su graciosa disposición la que induce a risa al lector/espectador antes de que las espadas se crucen. Nos encontramos entonces ante un autor que supo imprimirle dinamismo a los cuadros de su libro, intensificando el humor.

Tal vez, como aseguran los estudiosos de *El Quijote*, lo que Cervantes logra proyectar con propiedad en el inconsciente del lector/espectador es la gratuidad de los números cómicos que realizan sus personajes de manera continuada, antes que sus propios hechos. Por eso el lector moderno puede establecer analogías entre algunos episodios de *Don Quijote* y el dúo cómico de El Gordo y el Flaco o con las películas mudas de Charles Chaplin. Lo cierto es que ese mismo esquema, con sus multiplicidad de planos y su variedad de escenografías, parece repetirse a lo largo del libro de una manera obsesiva y deliberada.

Las aventuras de Don Quijote están contadas desde diferentes planos de ficción, superpuestos, yuxtapuestos, continuos o mezclados, lo que intensifica la idea de que se está ante una producción cinematográfica en la que los recursos de la cámara, transformados en elementos lingüísticos, son usados de manera pródiga y generosa. Estos planos de ficción serían: el intramundo que se refiere a la cámara que transmite desde el universo interior del protagonista; el extramundo que fija su atención en la realidad objetiva que rodea a los personajes; el mundo transformado en el que se expresa la fantasía de Don Quijote y el universo fingido que urden los demás para burlarse de él o hacerlo recuperar la cordura. La conjunción de esos planos produce un movimiento caótico que sólo un cinéfilo avezado o un buen lector son capaces de advertir de manera correcta. Ese es uno de los tantos recursos que hacen de *Don Quijote de la Mancha* una obra maestra.

Podría seguir juntando ejemplos para justificar esta idea, pero estoy seguro de que sería la de nunca acabar. *Don Quijote* posee una veta infinita que no parece agotarse con el paso del tiempo. Cerremos mejor de una vez repitiendo las palabras del gran estudioso del Medioevo español, Martí de Riquer: "Cuando alguien me dice que no ha leído *El Quijote*, yo le respondo: ¡le felicito! Todavía le queda en esta vida el placer de leer *El Quijote*".

ESCURRIR CAMINOS

Se me antoja pensar que el gesto de desdén que enarbola el muchacho anónimo que observo formarse tras la caravana, en el aparcamiento de la Central de Buses de San Pedro Sula, es el mismo que ensombrenció el rostro de un joven Juan Ramón Molina, allá por 1892, cuando escribió el poema "Adiós a Honduras".

Y no es que la crispación del muchacho, su leve deambular por la orilla de la acera, me haya puesto de pronto melancólico y propenso a los versos, no. Tal vez es que imagino que existe entre el poeta Molina y este muchacho remolón y desaforado una analogía plausible, cierta semejanza irracional que perdura más allá del siglo que ha corrido entre ellos. Ambos tuvieron que sentirse conmovidos, creo, al hallarse tan temprano frente al gran dilema de sus existencias: sucumbir a la espera o huir de una vez del país. Quedarse y padecer el escarnio y la degradación o escapar del territorio convulso, absurdo, hostil, en busca de una "vida mejor".

A Molina, cuando se marcha de Honduras, lo acucian necesidades de índole espiritual, de enjundia filosófica, escribe en su cuaderno; al contrario de este muchacho anónimo que va a otro país en busca del sustento del cuerpo. Pero están hermanados a pesar del tiempo, de la distancia y de los deseos. Es ese mismo gesto de protesta propio del poeta desamparado el que alcanzo a ver en el reflejo del muchacho mientras sigo el desplazamiento de la caravana que penetra en el paisaje soleado de la carretera de Occidente y se diluye.

Me quedo pensando en el Molina muerto y destrozado por los avatares del infortunio. El poeta estridente que gimotea en la barandilla del barco que lo arrastra fuera de las fronteras patrias. Es imposible desligar el pensamiento de aquel escritor taciturno y asombrado que, a pesar de su impericia, trenza palabras rumorosas en su cuaderno de viaje y se lamenta con ellas de la parquedad mohosa de las aguas del golfo. Pienso en el Molina joven que espera la oportunidad para saltar por la borda de una buena vez, el que reniega de las corrientes del océano que desarraigan su corazón. Su grito es capaz de traspasar los tiempos: "¡Voy a partir: adiós!/ La frágil nave, deslizándose suave,/ lanza a los cielos su estridente grito;/ y el humo ennegrecido que respira,/ en colosal espira/ asciende a la región del infinito.."

Marcharse es trascender, parece sugerir el poeta desde las primeras líneas de su poema, no importa el lugar al que se arribe o el desencanto con que uno se tope en la travesía. Pero cómo explicarle eso al muchacho de la Central de Buses mientras rueda hacia la frontera ("Entre zarzales y abruptos peñascales") y reza en solitario para que el funcionario consular de turno no interfiera en su fortuna. Un pensamiento me lleva a otro, entonces, y a otro, y me fuerza a imaginar la concatenación universal que subyace en todos los hechos humanos, esas leyes dinámicas que rigen la suerte de los hombres.

Reflexiono, tal vez un poco extenuado por el zumbido gramatical del poema: ¿Es posible que Juan Ramón Molina, en el espejo de las aguas del Golfo de Fonseca, haya visto el reflejo del viaje de este muchacho que hoy se marcha de Honduras por falta de trabajo y oportunidades? Hace ciento veinte y siete años Molina describió su propia travesía espiritual con unos versos vibrantes y visionarios; ¿acaso ya estaba consciente de que la existencia es una triada de repeticiones y el dolor una constante universal? Imaginaba que la patria es una segregación, una tristeza que hay que sacudirse de encima: "¡Oh pobre patria!/ el que de veras te ame/ en indolencia infame/ no mirará el ridículo sainete,/ sin que encamine, trágico y austero,/ el paso al extranjero."

Desapegarse, huír del país, patear la desolación de la carretera, ¿era, acaso, para Molina, una forma de redención o un pretexto para vociferar insultos en los oídos del gobernante de turno? Es posible que sólo él y el muchacho que cruza con desenvoltura los volcanes de Guatemala a pie o de jalón, lo comprendan. Lo cierto es que todas esas conjeturas me llevan a refugiarme en el texto que escribió en 1892, a intentar atrapar la sustancia que subyace en el fondo del poema "Adiós a Honduras". Al concentrarse uno en su trazado imaginativo se puede seguir una pista, fraguar una idea. Tal vez en medio de esa espiral de palabras se encuentre esbozada la travesía trágica del muchacho, el dibujo de su viaje fantástico al corazón financiero del mundo.

Sin embargo, no sigamos al Molina irritado, el que observa el declive del día como: "quebrándose en el vidrio de los mares/los destellos solares". Tampoco al ser desaforado que resopla desaliento en cada sintagma que graba en la página: "No es el amor el que a sufrir me obliga/ y el corazón me hostiga/ al despedirme de mi tierra ruda". Vayamos en pos del Molina solidario, rebelde, el poeta de los cansancios, el que trajina con los significados y se ha resignado a fundar una patria nueva en cualquier rincón alegre del mundo. Acompañemos al progresista, al hombre combativo que ha madurado en el ínterin del destierro voluntario y que exhorta a una juventud dormida a luchar por sus ideales, al que es capaz de ver en la peregrinación de un muchacho anónimo la esperanza, o por lo menos su sombra.

Las tomas panorámicas de los reporteros de las grandes cadenas informativas y el poema sobrio de Molina atan al muchacho a mi memoria. Han pasado semanas desde que lo vi por primera vez en el aparcamiento de la Central de Buses de San Pedro Sula; ya ha cruzado dos fronteras hostiles y un par de caudillos han tratado en vano de frenarlo con sus torpes trampas. Su marcha veloz parece atraer a todos los deshauciados de la tierra; ahora el muchacho es una multitud, un río de hombres que desagua su furiosa corriente en cada pueblo de la carretera mexicana. Es una miríada de puños apuntando a la cara avergonzada del mundo. Molina lo expresó con otras palabras ("¡Vigor falta a mi canto y siniestros vocablos a mi lengua!), pero aseguró que en su travesía el muchacho encontraría la inquina y la piedad, el fariseísmo y el amor. Transformaría el agua en vino como un verdadero profeta del pueblo, multiplicaría los panes y los peces, pero también convertiría la placidez del camino en una contienda. Además de que expandiría la irrisión y el rencor.

Pasan los meses y sigo concentrado en los rugidos de Molina, en la cólera que despliega su panegírico de palabras: escupe significados en la cara de "Un audaz tiranozuelo" que obliga a la juventud a dispersarse con sus arbitrariedades. Pero también me centro en los cuchicheos de la televisión, ese aparato infernal que da cuerda al mundo. Al muchacho le han crecido muchos apéndices y con ellos se aferra a la serpiente de acero que lo ha sacado del camino. Un motor tartajoso que da tumbos, que resopla, lo acerca a la última frontera. En el lomo de aquella bestia (que por cierto muestra más compasión que muchos gobernantes) cabalga aprehensivo pero satisfecho. Dueño del horizonte, emperador de las constelaciones, se traga el polvo con entusiasmo cada vez que la máquina bosteza. Pero Molina lo dejó claro, nada perdura más allá de la primera bofetada de júbilo. Los brazos extenuados resbalan, vacilan, se agarrotan; también el acero congelado puede convertirse en una trampa. La noche magnífica, los guiños de las estrellas, lo embrujan, lo adormecen. El muchacho siente la levedad de la caída, el acorde del viento que lo arrulla y lo mece; aquel soplo caldeado que nace en las bielas y lo empuja hacia las ruedas dolorosas. Está cayendo, se precipita desde las alturas. En realidad nunca sabrá que sus brazos han cedido a la fatiga. Seguirá deslizándose por aquella superficie rasposa por los siglos de los siglos, con los pulmones inflados de vapor y el cerebro en reversa. Gracias a ese último recurso de la mente es que el muchacho volverá, de alguna manera, a la patria de sus amores, a los sitios de la infancia, al río, al páramo, al trompo que gira enloquecido, a la esquina gris del barrio, al útero…

Molina es por mucho el mejor poeta de su tiempo. Cualquiera puede constatar esa aseveración con sólo aplicarse a leer "Adiós a Honduras". El poema muestra un recorrido por todas las facetas de su pensamiento y de sus luchas. Los versos que componen este poema son imaginativos, intelectuales, y la temática rebelde que desarrolla queda vibrando en la memoria cuando uno se acerca a curiosear. La poesía de Juan Ramón Molina es sugerente, propositiva, y con ella se defendió del mundo; desgraciadamente no pudo salvarlo de su destino de despatriado: un día se cansó y se marchó al exilio más rotundo, resignado a morirse lejos de la tierra que tanto le dolía en el alma. Al final se dejó conquistar por el pesimismo de sus propios versos: "Me voy en tanto./ la noche tendió su manto/ por la callada inmensidad del cielo,/ y cual del sol enamorada viuda/ melancólica y muda/ vierte la luna un resplandor de duelo."

RESQUEBRAJAR EL RECUERDO

La literatura es también cuestión de perspectiva, de saber escarbar en la costra de los acontecimientos para ofrecer una experiencia más depurada de ellos. El escritor no sólo debe decidir el ángulo desde el cual mirar lo que sucede a su alrededor, sino también ser capaz de establecer un diálogo con esa realidad y hacer partícipe a sus lectores de las impresiones que él mismo recibe mientras manipula el tejido de las cosas. Sus emociones deben contagiar a todo aquel que se fije en los enunciados de su discurso, y dejar una huella permanente en él. La aparición de esa secuela en su obra tiene que convertirse en la marca registrada del escritor, su carta de presentación ante un mundo que continuamente se renueva.

Partamos del muchacho que nos mira desde el pasado para explicar algunos puntos de esa idea evidente. Tratemos de entrar en su torrente sanguíneo y parapetémonos en la coraza de tejidos que conforman su corazón para hacernos una idea de sus sentimientos y recuerdos. Luego todo será cuestión de hacer encajar algunos significados socarrones y comenzar a contar el rescoldo de su antigua experiencia.

Los doce años marcan un punto de inflexión en la vida, está claro, son el borde de la niñez y el prefacio de la adolescencia. El mundo está incompleto a esa edad o la vista no alcanza a abarcarlo todavía. Para el muchacho que se acerca tímidamente a los hechos hay una contradicción en el desarrollo de cada cosa, que se antepone a los valores de su juicio primitivo. Y esto que él mira el mundo en blanco y negro, desde una ventanita de doce pulgadas con interferencias y fallas de origen. Ha notado la presencia de aquel contrasentido desde el instante en que su profesora de sexto grado, Lila Torres, tan cumplidora y sensata normalmente, lo insta a faltar a la escuela un día cualquiera.

La escuela es el bastión del muchacho de doce años, el lugar desde el que es posible seguir con la vida, faltar un día a ella se transforma en una forma de castigo. Pero él está dispuesto a asumir aquella vergüenza si le explican a qué se debe todo aquel jaleo del día. La fecha del calendario no le dice nada todavía: 16 de junio de 1982, debe buscar en otro sitio más seguro.

Se fija que los trinos de la radio hablan de una gran conflagración mundial que se lleva a cabo en tierras españolas, ejércitos de once jugadores deciden el destino de los países en contienda. Entre esos países se encuentra el del muchacho: pequeñito, burdo y resabido. Él no lo entiende, pero es el único momento en que las grandes potencias se fijan en los lugares feos que se hallan en la cola de la tierra. Tal vez porque temen al traspié, al envalentonamiento, a la obstinación. De presto la historia de David y el gigante Goliat puede tener visos de verdad.

Se fija también en que algunos de sus vecinos estrenan una alegría raquítica, florida; él puede notarlo fácilmente al contemplar sus desplazamientos erráticos o sus cambios de hábitos. Tiran de las solapas de un entusiasmo inusual: casi remolones, lerdos, y despilfarran algunos gritos en la calle, frente a los corros de chicos que se forman en las esquinas. Cada uno espera que el sol madure, que trace su raya indeleble y los restituya a la hora del partido. Honduras versus España, la madre que espera que su hijo se porte bien esta vez.

El muchacho siente que los doce años van a explotarle en la cabeza, que la algarabía sube con el sol, que el aire se llena de filo. Los sucesos del día se detienen en un determinado momento de la tarde y sólo queda aquella ventanita de doce pulgadas en blanco y negro, en cuya hondura se reflejan los continentes y los cambios en el huso horario. Hay alineaciones y todo eso que conlleva un partido de fútbol, pero entonces… Aquí el muchacho salta hacia el futuro de manera brusca y se dedica a hacer un inventario de las impresiones que se vinieron con él. Todo está reposado en sus recuerdos ahora, concluye, es simple, prosaico, vano; qué podría rememorar su mente de aquel antiguo acontecimiento que aún no haya sido fijado en los periódicos. La funda de lo importante se ha roto en alguna parte, piensa el muchacho del futuro, y los hechos se han vuelto calamitosos y sensibleros para siempre.

No vale la pena detenerse a describir su pringosa escenografía, ¿para qué? Pero para eso existe la literatura, ¿no?, para crear la leyenda, para acercarse a los hechos desde una conciencia antigua, desfasada, ingenua. Con la literatura es posible obligar al muchacho nostálgico a retornar a los orígenes de las cosas. Es esa piel arcaica de las palabras, esa óptica avinagrada de los signos, la que propende el afecto del mundo en alguna dirección.

El muchacho se va apartando del futuro y decide encararse con los hechos desde otro punto de vista. Muestra su disposición de regresar a las alineaciones antiguas, a los nombres que soportan el peso de sus verdaderos recuerdos: Julio César Arzú, Efraín Gutiérrez, Héctor Zelaya, Fernando Bulnes, Ramón Maradiaga, Roberto Figueroa, Porfirio Betancourt, Prudencio Norales, Etc. En el otro lado de la barrera, ese nombre de país que le suena rupestre y socarrón: España. Rafael Gordillo, Luis Miguel Arconada, Roberto López Ufarte, Juanito, Jose Alexanko, Jesús Satrustegui, José Antonio Camacho… Siluetas extrañas que zapatean en su memoria de algún modo. Pero el tiempo no le alcanza para atrapar cada figura en su fuero ideal, siente que se han vuelto escurridizos con la edad, muy diferente de cuando retozaban apesadumbrados y limpios en la cancha del estadio Luis Casanova de Valencia.

Ya está, el muchacho ha creado el traslape. El hombre vestido de la muerte se apresta a dar el silbatazo inicial (la frasecita chula de esa oración es un aporte de otra fuente, dispensen). Cuarenta y nueve mil conciencias opacan cualquier despeñadero épico. El muchacho intenta comprender cómo los jugadores que representan a su país no se han puesto a llorar. Son unos entrometidos en aquella tierra lejana, están rodeados de seres volubles y, además, hay un rey sigiloso en las graderías que los amenaza cada vez que se pone de pie.

La voz del que narra en el recuadro se encomienda a todos los santos del cielo.

Al principio el muchacho sólo mira un tejadillo de cabezas, el retorcerse de una multitud que aúpa cada lanzamiento de la pelota. Ésta va y viene, va y viene, pero casi siempre en la misma dirección. Los nuestros, piensa el muchacho, retozan apurados, como si la pelota les pinchara las piernas o les quemara el corazón. Se siente el fuelle de los enemigos, su masa muscular que se impone por encima del amor a la patria. Los jugadores se zambullen, retuercen el cuello, persiguen por toda el área la esfera escurridiza, frenan en seco, cocean, hay algo malévolo en aquella multitud de gargantas que los marean con sus gritos.

Hasta los siete minutos habíamos sido simples espectadores, un par de salvadas apremiantes que habían dejado un mal sabor de boca en el muchacho. Luego vino la explosión, una media chilena en el área chica que estuvo a punto de burlar la zarpa del portero, aquel par de paredes que se habían cristalizado en el aire, la carrera encumbrada entre un mar de piernas y el choque con el metro noventa de corazón y tendones del jugador rival Alonso González. El muchacho no sabe de las leyes de la física todavía, pero comprende que algo falló. Ve salir volando al que debería estar de pie afianzado en el suelo y al debilucho número 15 de su equipo enfilar hacia la portería. No acaba de pestañar cuando comienza la celebración. Hay algo anormal en el mundo y el muchacho no tiene cabeza para pensarlo.

Si el muchacho supiera que aquello es paroxismo, el incordio del entusiasmo, lo registraría en su memoria enseguida, para qué esperar a que llegue el futuro y pueda aprender a escribirlo en una página. Lo cierto es que los aullidos de sus vecinos le desbaratan cualquier intento de intimar con el gol de "Pecho de Águila" Zelaya, así que sólo suspira y se santigua. Un muchacho grandulón, con más años que sesos, se ha puesto a dar vueltas por toda la cuadra envuelto en la bandera del país, nadie intenta frenarlo, compadecerse, sacarlo del sol, es posible que todos estén de acuerdo y hayan contribuido a su locura.

Después del gol el partido se atora o, según la perspectiva, aparenta ir en reversa. Los rivales del equipo del muchacho parecen desconcertados, ebrios de sudor, maniatados. Se lanzan en picada hacia la portería una y otra vez, una y otra vez, como kamikazes, sin pensar en la tregua o el respiro. Los nuestros repelen cada embestida con tenacidad y determinación, a Gilberto Yearwood le han crecido las piernas, Jaime Villegas se revuelve como una pantera y a Julio César Arzú le han nacido alas. Sí. El muchacho ve al portero de su equipo surcar el cielo de Valencia cada vez que la pelota supera la cabeza de Anthony Costly. Allí se queda, como un vencejo, levitando en el aire lerdo, con las manos extendidas al máximo y la espalda tensa y recta.

El muchacho no sabe que esa es la imagen que va a llevarse hacia el futuro, la que va a permanecer por encima de todas las sensaciones posteriores: el portero que sube y baja y nunca toca el suelo, que se cuela por cualquier rendija de la barrera y planea como un pájaro. Lo verdaderamente legendario del recuerdo parte de ese hecho verosímil. Tal vez hasta los mismos jugadores españoles hayan creído que estaban ante lo inexpugnable.

En el futuro y en el pasado el partido continúa, lleno de maravilla en el recuerdo, soso y breve en el presente. Tal vez los disparates de las repeticiones y las rencillas y los egoísmos de los nuevos integrantes de la selección le han robado el ideal que el muchacho tenía guardado en su interior, súmese a esto las pamplinas absurdas de los reporteros y la alharaca de los "analistas deportivos" que hay que soportar en cada nueva eliminatoria mundialista. Muy bien, pero en la memoria del muchacho el partido sigue, crece y se dilata. La desesperación hiende el aire. Nadie está más desesperado que el rey, Juan Carlos, su desencanto se manifiesta en la manera alocada que tiene de removerse en su asiento, se levanta airado de pronto y luego se deja caer con desdén cuando la jugada pasa o el jugador se rinde. Y todo por ese cancerbero del infierno que bate sus alas con denuedo cuando alguien tira a la portería.

El muchacho lleva el ritmo de los sucesos: descanso, continuación, el timbre de los minutos que golpea el televisor como un corazón. Sus vecinos están extenuados y él también, más que los jugadores, que el árbitro o que el rey. El final se acerca, como una lluvia, como un ventarrón. El hombre que viste como la muerte está a punto de convertirse en el verdugo. Todos lo saben, el mundo está descompuesto, unos gráciles muchachos, nacidos en un triste abismo de la periferia, lo han puesto patas arriba. Hay que hacer todo lo posible para que recupere la armonía.

El muchacho no ve la zambullida del jugador español ni el intento de frenarlo con una zancadilla. Ve el brazo del hombre vestido como la muerte tendido hacia el horizonte. Algo ha dicho su pitido para que haya producido tanta rabia en poco tiempo. Hasta el grandulón que corría envuelto en la bandera del país se detiene y se acerca a husmear. López Ufarte toma la pelota, está nervioso, su piel le resbala con el sudor, sabe que el hombre que tiene enfrente no es de esta tierra, no es humano, aun así, resopla, toma impulso y patea.

Su disparo ha viajado por 37 años en la memoria del muchacho de doce años, ha horadado cientos de porterías imaginarias y miles de conciencias han sido perturbadas con su trayectoria fantasmal. Incluso, algunas almas que lo oyeron zumbar tan cerca de sus oídos, que lo sintieron hendirles el corazón, partieron lejos, muy lejos, sin haber encontrado un consuelo o visto alguna explicación: Javier Toledo, Domingo Droumond, Roberto Bailey. Lo cierto es que un continente se resquebraja cuando por fin el tiro de penal se materializa y la pelota impacta en las mallas.

Dicen los historiadores que después todo fue cayendo por su propio peso. El partido devino en una fase de decaimiento, de dilación, como si su tirantez dependiera en gran medida de la obstinación de los amigos del muchacho. La pelota va y viene, sube y baja, pero sin entusiasmo, como un dibujo obsoleto grabado en la pantalla del televisor. Hay jugadas que barajan traiciones y disparos que merodean por las esquinas. Todo se reduce al nivel de la pantomima, un tinglado que se va oscureciendo a medida que los noventa minutos de tiempo se agotan.

En la ventanita de doce pulgadas en blanco y negro no hay celebración cuando el partido termina, apenas un par de rostros desencajados que escupen en el micrófono. El muchacho baja el interruptor de su memoria antes de que algunos jugadores se pongan a llorar. Hay azoro y desconfianza a su alrededor, hay un suspiro enorme, contenido, doloroso, tirado en medio de la calle, un pantano de pobreza se estira lánguido ante él. El muchacho sabe que tiene que cambiar de frecuencia, que debe correr en busca de la ordinarez cotidiana. Aquella mudanza de la realidad ya le pesa mucho en su conciencia, ha visto la cara de la tristeza guiñándole un ojo y no puede sostenerle más la mirada. Así que el muchacho se doblega, pellizca su abdomen y deja que sus entrañas se escurran hacia el futuro.

METER EL DIABLO EN EL INFIERNO

La peste negra que asoló Europa en el siglo XIV nos proveyó del mejor antídoto contra la desazón y el aburrimiento de una cuarentena prolongada: se trata del libro *El Decamerón* de Giovanni Boccaccio. Un manual de la risa, el desenfado, la sátira y la esperanza en tiempos calamitosos. Boccaccio lo escribió en los peores años de la peste, entre 1349 y 1351, en Florencia, Italia, cuando la enfermedad se cebaba en la población. El libro refiere en su introducción la manera que encontraron un grupo de jóvenes de la sociedad florentina de aquel tiempo para alejarse del contagio y vivir su vida a todo tren. Reunidos en una villa, a las afueras de la ciudad, siete mujeres y tres hombres que acaban de conocerse en una iglesia, se dedican durante diez días a contarse historias de distinta índole como pasatiempo. Cien historias hilarantes y maravillosas será el resultado del encierro. Todas ellas desarrollan temas usuales del momento, pero destacan los cuentos que tratan acerca del amor, la astucia y la fortuna.

Lo importante de este libro es que retrata de manera certera a la sociedad de su tiempo, sus costumbres, creencias y fechorías y, por añadidura, a la humanidad en general. En los relatos del *Decamerón* encontramos referencias al hombre de finales de la Edad Media enfrentado ya con Dios y con su destino. Las historias del libro no son creaciones originales de Boccaccio, pero es seguro que llevan en su configuración el toque magistral de su genio y están dotadas de una vitalidad fuera de lo común para la época. Las ideas del humanismo que luego derivarán hacia El Renacimiento ya aparecen referidas en el libro con gran destreza. Son el telón de fondo que provee animosidad a cada historia y les confiere un carácter individual.

Llama la atención la actitud de los protagonistas, que dan la espalda al sufrimiento y se dedican al goce terrenal. *Carpe diem* o "disfruta el momento" parece ser su lema. Pero nadie se equivoque al realizar juicios apresurados o considerar sus conductas como frívolas o indiferentes. Al contrario, se trata de individuos desengañados, a medio camino entre la virtud y el egoísmo, hombres de todos los tiempos, fanáticos de la transformación, que cargan en su interior el peso de unos valores desfasados. Boccaccio se muestra entusiasta con sus personajes, para él representan el futuro, la supervivencia humana en toda su potencia. Son los depositarios de una conducta vital, más cercana al corazón del hombre, la que en lo sucesivo creará las bases de una nueva sociedad con más confianza en sus propias capacidades.

Podría establecerse una analogía entre los protagonistas de Boccaccio que huyen al campo al verse amenazados y los individuos que, en esta época del Coronavirus, se enfrentan al dilema de la inmovilidad y la contemplación; encerrados en sus casas, miran Netflix todo el día, siguen los memes con atención y se lanzan a dar likes a toda historia sentimental o trágica que se les comparte. Ven el mundo desde el otro lado de la barrera, hasta con desdén y desenfado. Lástima que la ligereza de sus historias no tenga el peso necesario para crear un libro.

Sin embargo, el planteamiento básico del *Decamerón* es la variedad narrativa por encima del estudio detallado del espectáculo. Sus historias licenciosas y anticlericales son el fruto de una revisión exasperada de la tradición europea. Los *exempla* que se interpolan entre las historias referidas no tienen la finalidad de recuperar una moralidad caduca y agotada, sino que, al contrario, acometen con todo su veneno contra ella para que, de una vez y para siempre, se desvanezcan en el aire sus múltiples errores y desaciertos. Así que el hombre de Boccaccio se encuentra limpio de toda culpa y dispuesto a empezar de nuevo, desde sus cenizas o desde lo que se pueda librar de la enfermedad. El libro es un ejemplo del resquebrajamiento de las viejas ideas y el surgimiento de unas nuevas. Otro remezón de ese tipo el hombre sólo volverá a sentirlo en el siglo XVIII durante la Ilustración.

La correspondencia entre la humanidad de estos tiempos modernos con los personajes del *Decamerón* no es del todo incierta. Ahora nos alejamos del contagio por miedo, porque el destino que creíamos dominar a través de la tecnología y la razón ha escapado de nuestras manos, porque no tenemos confianza en nuestros semejantes. La enfermedad ha recrudecido nuestros peores vicios, nos empuja al latrocinio y al egoísmo a ultranza. No sólo cerramos nuestros hogares, también nuestro corazón. Nos hemos dado cuenta de que ya no somos los depositarios de ningún tipo de ideales progresistas, no los necesitamos para sobrevivir, ni representamos el gérmen de ninguna transformación o esperanza. Nos sentimos engañados, proscritos y, debido a esa circunstancia, ya nadie se inmuta o a nadie le timbra la conciencia cuando el comerciante, aprovechándose de la incertidumbre, aumenta los precios de sus productos a destajo o acapara con cinismo la comida, o cuando desde los medios de comunicación se hace escarnio de la situación de los contagiados o se convierte en una farsa brutal las cifras de los muertos.

Ya no hablamos de una sociedad que construye su futuro o sacrifica sus ideales particulares para el desarrollo de la historia de la civilización; al contrario, somos la avanzada de una humanidad absurda que busca la manera de saltarse las reglas legales para justificar la barbarie en que se ha ido hundiendo.

Boccaccio les dio una razón de peso a sus personajes, de la cual nosotros carecemos. Su burla de los valores establecidos estaba por encima de la anécdota personal. Su sátira es blanda porque comprendía que se enfrentaba a fuerzas poderosas. La Inquisición mantuvo puestos sus ojos por mucho tiempo en este libro. No había que destruir del todo la conciencia del hombre, pensaba, en un arranque de honestidad, sino que había que volverla a moldear. Quería que el hombre del futuro aprendiera de sus errores, que se diera cuenta de que sus verdaderos enemigos estaban en su interior, en sus creencias obcecadas. Durante el Renacimiento, el hombre de a pie recupera por un instante su dignidad, se alza por encima de su pequeñez; se desengañará más adelante, cuando la rueda de la fortuna lo deje atontado a la vera del camino; mientras tanto, se regodea de haber conquistado un bienestar pasajero.

Las consecuencias de esa actitud idealista del hombre pintado por Boccaccio en *El Decamerón* se hicieron sentir durante muchas centurias en toda Europa. Romper con la escolástica lo entusiasmó y lo llenó de orgullo, lo hizo sentirse poderoso. Se lanzó a verse reflejado en todas las cosas, buscó la perfección. Creyó sobreponerse a la naturaleza, incluso la desafió. Dueño de su voluntad, se sintió por fin libre para buscar la verdad aún en los momentos difíciles.

Hay un relato en el libro que llama particularmente la atención de los lectores, no sólo por la astucia y la hilaridad que refleja su trama, sino también por la simbología que lleva encubierta. Se llama "Meter el diablo en el infierno", y posee tanta actualidad y gracia que es imposible no fijarse en él. El argumento es sencillo: una muchacha ingenua y simple busca la manera de servir a Dios. Le aconsejan ir al desierto a encontrarse con un hombre santo para que le ayude. Éste, después de repasar su sencillez, la envía a donde un ermitaño joven que vive alejado de todo. El ermitaño valora sus creencias y concluye que es fácil de engañar, así que se apresta a sacar algún provecho de ella. Se dedica a adoctrinar a la muchacha durante algún tiempo, sobre todo, en lo que respecta al conocimiento del cielo y del infierno. Concluye que el mejor servicio que puede ella ofrecer a Dios es ayudarle a él a meter el diablo en el infierno. Como es joven y sano el diablo le produce mucho sufrimiento. La muchacha accede a despojarse de su ropa y ayudar en tal tarea.

Se podría hacer el mejor meme de la historia de una situación como ésa. Daría para presentar cientos de tik toks, pero fuera de eso, la historia encierra un gran significado. Hay tantas maneras de meter el diablo en el infierno en estos días y no sólo desde el punto de vista sexual. El miedo a la enfermedad nos ha vuelto proclives a la superchería y ha lanzado a muchos a realizar los disparates más absurdos que puedan imaginarse. Los mercaderes de la fe están en lo suyo, los políticos llevan más agua de lo usual a sus molinos y cada quien aprovecha a su modo; mientras la mayoría observa desde su semi-sueño el cinismo exacerbado que se abre paso por el mundo y lo paraliza.

LECTIO VITAE

Dentro de pocos días en el mundo de habla hispana va a celebrarse el Día del Idioma. Proliferarán entonces los textos que ponderan las virtudes literarias de Miguel de Cervantes o los que contienen sagaces apologías a su obra magna: *Don Quijote de la Mancha*. Circularán reseñas de toda índole, de la más sensata a la más descabellada y todo mundo creerá tener la razón respecto al sentido último del libro. Esto no sería del todo malo si no fuera porque la mayoría de los que van a compartir las publicaciones o hacer alarde de ellas no han leído el libro. Ni se les pasa por la cabeza siquiera empezar a leerlo. Y tal vez tengan razón al no hacerlo, *Don Quijote* no es un libro para cobardes y amañados, para seres timoratos o presuntuosos, acostumbrados a la volubilidad de las redes sociales o a los memes. Se necesita algún grado de iniciación en el ejercicio de las letras y una voluntad abierta para atreverse a remontar sus más de seiscientas páginas de aventuras. Quienes se atreven a encararse con la novela rara vez terminan decepcionados. Tal vez porque por encima de su brillante configuración barroca, su hilarante trama, el manejo excepcional de la lengua, su juego de espejos con la realidad y la variopinta gama de sus personajes, en el libro se entreteje una vasta lección de vida a la cual es siempre útil echarle una ojeada. Pocos libros son capaces de mantener fresca la parcela de realidad representada que segaron del medio y de la época en que fueron concebidos, y de restregársela a la cara de los hombres de todos los tiempos con tanta gracia y desenfado. Y esto que su relativismo lingüístico y de las ideas ha empujado a enojo a más de un crítico quisquilloso.

Quien lo lea y crea que pueda hallar ideas absolutas en el libro está muy equivocado. Las lecciones de *El Quijote* permanecen vigentes y actualizadas precisamente porque no son definitivas ni rotundas. Cervantes era un moralista, pero de aquellos que conocen el corazón del hombre y no se hacen ilusiones respecto a él. Nada puede ir más allá del sentir de la conciencia, parece sugerir la actitud de su protagonista, pero la conciencia es capaz de remontarse a la luz o debatirse en el lodo al mismo tiempo, sin que se establezca una línea divisoria entre ambos estados. *Don Quijote* es el portavoz de un idealismo platónico, pero su autor está consciente de que necesita pisar terreno firme para sostener sus ideas por más tiempo. De allí que su convicción de mejorar el mundo termine siempre por empeorarlo.

La columna vertebral del libro la constituyen dos valores excepcionales que, en el desencanto de la España del siglo XVII, merecen una nueva revisión: la justicia y la libertad. El gran imperio que sojuzga la política y la economía del mundo del momento es una fachada, una enorme ilusión. Los tesoros que los tercios españoles arrebatan a los indios americanos terminan en Flandes o Alemania y hay días en que la Corona debe empeñar sus joyas para llevar comida al palacio. La decadencia es el denominador común y en el reino en el que nunca se pone el sol todo se cae a pedazos. El mismo Cervantes se encuentra contrariado; el libro es el reflejo de su propio desencanto, ha dado todo lo valioso de su vida por su país en Lepanto y Argel y, sin embargo, continúa tan pobre como el que más.

Así que el accionar del protagonista está determinado por una idea de la libertad que va más allá de lo humano; la justicia es otra cosa y no puede ser medida en términos existenciales. Don Quijote es un pequeño propietario de provincias que se escuda en la locura para poder librarse del desengaño que ve por todas partes. Devora libros de caballería porque desea mantener vigente su pensamiento, es decir, quiere acometer la locura del mundo que lo rodea desde una chaladura auténtica, nacida en el seno de sus convicciones más profundas. De allí que lanzarse a la búsqueda de aventuras fantásticas tenga un sentido más bien práctico. Como si se tratara de una forma de catarsis en la que intentar hacer algo inútil e imposible trajera un poco de alivio. Cervantes se cuidó de darle toda la libertad de acción posible a su personaje precisamente porque quería partir de él para impregnar la novela de ese valor primordial. A Don Quijote no lo ata nada, ni siquiera su pensamiento perturbado por los libros y menos el amor de una campesina, que es una creación falaz del momento.

Peregrinar por los caminos de Castilla tal vez sea una forma de despojarse de lo que todavía le entretiene y le sujeta: una tierra de labranza, una sobrina, un nombre, unos amigos, unas creencias, una identidad. Don Quijote se somete al escrutinio de los hombres igual que sucede con su biblioteca. Suelta las riendas a Rocinante y entiende que esa es la única manera de saborear la verdadera libertad. Dejarse llevar por el instinto del rucio podrá ser considerado una forma de desatino, pero, qué no lo es. La vida de un hombre está siempre sometida a la contingencia del destino y más cuando la realidad que lo rodea responde a leyes falseadas por las circunstancias. Procurarse la compañía de un individuo que no corresponda a sus ideales más íntimos, como es el caso de Sancho Panza, constituye una forma de reafirmarse en su locura.

Don Quijote y Sancho Panza merodean por los pueblos de la España del siglo XVII convirtiendo los espacios apacibles en un caos. Su propósito parece ser destruir la pantomima del reino, su apariencia. Cada vez que actúan y tratan de imponer una forma de justicia, el resultado es contraproducente. Cuando no terminan apaleados o con sus huesos en la tierra, sucumben al escarnio de los mismos a los que han querido ayudar. Como si se tratara de una comedia de enredos, a Don Quijote nunca le va bien. Pero él no quiere recapitular, está diseñado para la obstinación y una y otra vez su idealismo infantil se topa con una realidad que le muestra toda su crudeza. Al igual que Cervantes, Don Quijote es un inconformista consumado, irá hacia adelante, con tal de que se reconozca el imperio de su sinrazón. En toda la primera parte del libro y un segmento de la segunda somos testigos de su fracaso, pero también de su tenacidad.

Amamos al personaje precisamente por eso, incluso nos identificamos con los palos que recibe. Creemos que, si se diera por vencido, una parte de nuestro ser también se rendiría a la desilusión, al desencanto. En la constancia de Don Quijote, en su idea de procurar una justicia generalizada y una libertad completa, están cifradas las esperanzas de una de las épocas más significativas de la historia del mundo. Reforma-Contrarreforma. Renacimiento-Barroco. Edad Dorada-Cataclismo. Mientras él reciba y devuelva mazazos, mientras no retroceda, mantendremos ese afecto incólume. Por eso nos produce un gran contento seguir el itinerario de sus correrías fantásticas, afiliarnos a sus discursos disparatados.

Empero, a partir del capítulo XXX todo cambia y se echa por la borda poco a poco la ilusión del personaje. Al principio no se sabe por qué. Las locuras de Don Quijote y Sancho Panza se suceden sin orden de continuidad y nada se altera en sus existencias. Pero al lector avezado todo le parece infundado y patético. Y no se trata de que Cervantes haya perdido su maestría literaria, al contrario, la escritura ha ganado en complejidad a este punto, pero parece ahora decidido a poner fin a las aventuras de su personaje sin menoscabo de su personalidad. Es decir, desde el interior de Don Quijote debe salir la fórmula que ponga un alto definitivo a su ilusorio deambular, sin que se vea obligado a renegar de sus ideas o creencias más auténticas. Se trata de los capítulos relacionados con la llegada de Don Quijote al castillo del Duque y la Duquesa. Los duques son personajes emblemáticos del libro por su refinada crueldad. Hasta este momento Don Quijote ha recibido palos y azotes que habían minado su cuerpo, su fortaleza, pero el Duque y la Duquesa se dedican a torturar su siquis. Emplean la misma locura de Don Quijote para imponerle una realidad modificada, más falsa que la que el personaje ha concebido en su cabeza y no por eso, menos cruel. Durante muchos días se dedican a planear las más atroces burlas que puedan imaginarse y a hacer escarnio de la ingenuidad de los dos hombres. Una doncella de palacio está enamorada perdidamente de Don Quijote y Sancho Panza es el gobernador de una ínsula inexistente, les imponen de forma absurda los mismos ideales a los que ellos han estado aspirando. La maquinaria perversa del Duque y la Duquesa acaban por dar al traste con las divertidas aventuras de don Quijote y Sancho Panza. Cuando se cansan y deciden abandonar el castillo, los personajes ya no son los mismos. Han perdido el brillo y la ambición, será cuestión de tiempo para que Don Quijote regrese a su pueblo, derrotado y sin propósito, a morir.

La lectura de *El Quijote*, si es que somos capaces de afrontarla, debe dejarnos alguna lección de vida, precisamente en estos tiempos en que todas nuestras pretensiones se han ido por la borda debido a un virus. La idea de lugar seguro que teníamos del mundo se ha desmoronado frente a nuestras propias narices y nos sentimos sometidos por una realidad impostada que transita a gran velocidad por unas insignificantes cañerías de fibra de vidrio. En sus entrañas alcanzamos a ver reflejada con nitidez la crueldad del hombre, esa que siempre ha servido para aplazar la ternura.

REMOVER LA INQUINA

En el ámbito de la literatura las rivalidades casi siempre comienzan con malentendidos. Sin obviar que en muchas ocasiones entra en juego la envidia, el egoísmo, el odio visceral, la estupidez y hasta la ignorancia. La literatura es un campo muy delicado para la mayoría de los seres que dicen ceñirse a sus principios. A veces basta con un comentario sin importancia, tomar partido por alguien, o un mohín imperceptible, para atraer a una caterva de enemigos peligrosos. Se trata de seres volubles que ladran en la clandestinidad y que recelan de las ideas que rompen con sus pequeños esquemas mentales. Tal vez no tengan el alcance para entender del todo lo que propicia su malestar, pero como consideran que les afecta en su fuero interno, están dispuestos a llegar a las últimas consecuencias para defender sus posturas incomprensibles. De allí que la diatriba y el insulto se conviertan fácilmente en manifiestos de una rabia institucionalizada por muchos que no respeta personas ni obras.

Siempre ha sido así, de eso no hay duda. La historia registra tantos casos de enfrentamientos y enemistades como escritores han existido. Las propuestas estéticas contrarias, la renovación de unas ideas o una simple opinión, han llevado a muchos hacia la pendencia consuetudinaria o los ha empujado al ridículo más absurdo. En la mayoría de los casos esas rivalidades se han zanjado con ataques de por vida o con debates crueles y fuera de tono. El límite es la grosería y el ultraje, la acusación feroz. Nadie que se tilde de escritor está exento de pasar por una situación así, ni porque pretenda ignorar su realidad, mantener el anonimato, o precisamente por ello, en algún momento va a encontrarse con alguien dispuesto a meter baza en sus asuntos o a importunar su trabajo solitario. Una postura política digna, la discrepancia ideológica, una inclinación temática o formal y hasta la escogencia de una frase, son a veces la piedra de toque para el inicio de conflictos que, en muchas ocasiones, rebasan la vida de los protagonistas. Quién no ha oído hablar de la famosa rivalidad que se les achaca a Don Luis de Góngora y a Francisco de Quevedo, los dos grandes poetas del Siglo de Oro español, y la manera en que vivieron sus últimos días lanzándose dardos venenosos.

Para bien o para mal, la lista de contendores que nos muestra la historia es inmensa. Tan grande que es inútil ponernos a recordar a todos aquí, bastará con mencionar a los más célebres de ellos para hacernos una idea del calibre de la situación: Albert Camus versus Jean Paul Sartre (la cuestión marxista y el totalitarismo), Ernest Hemingway versus William Faulkner (la crítica a la pedantería del estilo), Gabriel García Márquez versus Vargas Llosa (afecto, faldas y geopolítica), Bernard Shaw versus Gilbert Chesterton (celo patriótico, tal vez), Umberto Eco versus Antonio Tabucchi (el desencanto del intelectual y su asombro ante el mundo), Mark Twain versus Jane Austen (gustos burgueses y afectación), T.S. Eliot versus Henry James (el derecho a la fama individual), etc. La resonancia de estos enfrentamientos involucró a muchos de sus seguidores y sobrepasó las fronteras y el tiempo en que vivieron.

Ahora bien, hemos dicho que la lista es numerosa y bizarra, pero hay que aclarar que no todo lo que hubo entre los escritores mencionados aquí o los ausentes fueron patadas, golpes, navajazos gramaticales o zancadillas estéticas, si exceptuamos, claro, a Vargas Llosa y a García Márquez, que aparentemente se pegaron con algún grado de complacencia. Habrá que argüir a favor de su fama impecable que algunos de estos enfrentamientos y disputas fueron puro alarde literario o se dieron de manera intermitente, sólo en alguna ocasión propicia se vieron las caras; otros derivaron de la agitación de un determinado momento histórico o crítico y los hay que se produjeron en ámbitos meramente ficticios o simulados. Hasta existe el crítico que se atreve a señalar que algunas de esas supuestas enemistades responden, más bien, a estratagemas editoriales y que los roces, si los hubo, son parte de un montaje bien planeado por parte de sus agentes literarios. De todo hay en la viña del señor, eso no le quepa duda a nadie y los golpes bajos vienen a veces del lugar que uno menos espera.

Sin menoscabo del daño que pudieron provocarse o del odio destilado por cada uno, habrá que señalar, con total seguridad, que los enfrentamientos entre escritores no siempre resultan del todo nocivos para la literatura; nada diré del aspecto moral que sólo concierne a los afectados; incluso, es posible que sean necesarios y saludables cada cierto tiempo y en diferentes circunstancias. La literatura se ha nutrido de esa hostilidad, ha salido renovada de ella, es parte de su evolución y desarrollo. La agitación que se produce en su seno cada vez que dos posturas antagónicas se combaten fieramente es capaz de sacudir las viejas estructuras y aceptar sin reservas el cambio o la subversión. De allí que sea parte de la naturaleza del arte empujar el pensamiento hacia la dialéctica, a la renovación. Y eso sólo puede lograrse llevando a los autores más insignes y representativos o los más bellacos, que también es una posibilidad, hacia el límite de la tolerancia, enfrentándolos, dándoles motivos para despedazarse con toda la crueldad posible.

¿Qué sería del Siglo de Oro español sin la dinámica que le infundieron Góngora y Quevedo? ¿Qué hubiera pasado con el "Boom" latinoamericano sin la presencia de García Márquez y Vargas Llosa apretándose las tuercas? Y la Generación Perdida de la literatura norteamericana: ¿es posible que hubiera seguido la misma configuración sin Faulkner de por medio hostigando la forma e imponiéndosela a todos ellos?

Hablando ya de manera particular de la literatura española, es seguro que los enfrentamientos más encarnizados entre escritores fueron los que se dieron en el contexto de la guerra civil (1936-1939). El momento crucial de la historia de España en el que sus intelectuales tuvieron que tomar partido por uno u otro bando, o se alineaban con las ideas republicanas o decidían apoyar a la Falange liderada por Franco. La guerra pasó en poco tiempo de las armas a las ideas y cada autor tuvo que alistarse en alguno de los grupos en disputa, lo que derivó irremediablemente en enfrentamientos de todo tipo. El siglo XX está marcado por los excesos que se dieron en aquel contexto bélico y porque muchos de ellos tuvieron que salir al exilio para salvar la vida. Esa circunstancia provocó una escisión y fraccionamiento en el desarrollo de la literatura española y propició las condiciones, según expresan algunos estudiosos, para la aparición del "Boom" en Latinoamérica.

Sin embargo, el mejor momento para los enfrentamientos y las rivalidades se alcanzó durante los siglos XVI y XVII. El verdadero auge de la literatura española. Recordado porque es la época en que ésta alcanza su cenit y se impone en el continente europeo. Ese agigantamiento inusual sólo puede explicarse en virtud de que es el resultado de una serie de contrastes, disputas e innovaciones que se desarrollaron durante las primeras décadas del siglo XVI. Autores como Garcilaso de la Vega y Juan

Boscán son los responsables de ese encumbramiento al importar de Italia géneros y esquemas que rompen con los modelos tradicionales. Se establece entonces una tendencia literaria que intenta escribir al "itálico modo" o "petrarquismo", y que combate abiertamente con los autores de raigambre peninsular que buscan mantener su hegemonía. No cabe duda de que la literatura española se suaviza con las aportaciones de Garcilaso y Boscán y gana en variedad, gracia y soltura. Posteriormente, en un contexto similar, Góngora y Quevedo encontrarán las condiciones para despedazarse a voluntad.

Las diferencias de edades no fueron impedimento para que estos dos autores españoles desarrollaran una animadversión mutua. Si nos atenemos a lo que dicen los documentos de la época, se acusaron de todos los vicios habidos y por haber y cada uno procuró llevar al extremo sus insultos. Las frases soeces son comunes en sus alegatos, verbigracia: Quevedo: *"Éste, en quien hoy los pedos son sirenas/ éste es el culo, en Góngora y en culto/ que un bujarrón le conociera apenas"*. Con la respectiva réplica, Góngora: *"Prestádselos un rato a mi ojo ciego/ porque a luz saque ciertos versos flojos/ y entenderéis cualquier gregüesco luego.* Quevedo: *"De vos dicen por ahí/ Apolo y todo su bando/ que sois poeta nefando/ pues cantáis culos así"*. Góngora: *"Anacreonte español, no hay quien os tope/ que no diga con mucha cortesía/ que ya que vuestros pies son de elegía/ que vuestras suavidades son de arrope"*.

De cómo nació esa rivalidad nadie sabe explicarlo con certeza. Hay bastante confusión al respecto y algunos consideran que se ha exagerado su alcance y que los textos que existen de su encarnizamiento deberían someterse a revisión. Lo cierto es que ellos representan los dos extremos en que se divide la poesía del barroco español: culteranismo, la forma y los estímulos provocados por las palabras; conceptismo, el sentido y la sutileza del pensamiento. También queda claro que Góngora y Quevedo le impusieron un ritmo distinto e intensificaron la significación de las palabras de la lengua española y, además, llevaron la forma y la sintaxis a unos límites indefinidos que sirvieron para su rápida evolución, después de ellos la poesía española nunca volvería a ser igual. El malentendido que pudo darse entre sus personas se saldó con medio siglo de hegemonía de la literatura española sobre Europa, con la complicidad de Cervantes, Lope de Vega y Calderón de la Barca, claro.

Para concluir, es necesario recalcar que en nuestro medio no hemos tenido esa suerte que corrió la literatura de España en el siglo XVII al sacar partido del enfrentamiento de sus mejores autores. Aquí los resentimientos, las rivalidades y las pugnas se saldan con estocadas por la espalda, chismorreos de cafetín e injurias fuera de contexto. Nada que pueda servir para encarrilarnos por el buen gusto y la excelente literatura. ¿Qué se puede esperar que mejore en un país donde recomendar un libro extranjero se considera un agravio?

BUCEAR EN LA MARAVILLA

En nuestro país el sinsentido se ha hecho una costumbre. No por nada se repite con tanta insistencia que aquí el plomo flota y el corcho se hunde. Una tradición que venimos arrastrando desde la época de las revueltas, principios del siglo XX, cuando el Congreso Nacional, amparado en una ley absurda, hacía caso omiso de los resultados de las votaciones y elegía a los gobernantes a su voluntad o por mandato de las compañías bananeras, dando paso cada cierto tiempo al inicio de una nueva reyerta. Desde aquel lejano momento, el sinsentido se estableció como norma general de todos los actos de nuestra clase política, ¿será que encontraron la manera sencilla de legitimar sus intereses e imponer su propio provecho por encima del de los demás a través de la fabricación de un canal cuyo funcionamiento nadie entiende? Por eso no nos asombra, por lo menos a los que algo sabemos de literatura, que el libro *Alicia en el País de las*

Maravillas sea el más manoseado, que no leído o entendido, de todos los que conforman el supuesto acervo cultural de nuestras autoridades.

Desde el caudillo más encumbrado que todo lo ve desde su olimpo de cristal hasta la miríada de sátrapas que conforman su círculo infernal, todos en algún momento han sacado a relucir el libro para intentar explicar sus desmanes, como si de verdad supieran de qué va la cosa o estuvieran familiarizados con su contenido y acciones.

El nombre del libro, para empezar, ha engañado a estos incautos y los ha conducido a amparar sus boberías en impresiones extraídas de una supuesta interpretación literal. Se piensa, con total desvergüenza, que aquel país de las maravillas que imaginó con tanto fervor el autor del libro, Lewis Carroll, puede ser proyectado de manera antojadiza en los ciento doce mil kilómetros cuadrados del territorio patrio. Estaríamos hablando de la transposición de un lugar idílico que rebasa la imaginación más portentosa y, en el cual todo marcha de acuerdo a un orden fantástico.

No hay cupo para el dolor en un sitio pensado de esa manera, tampoco para las lamentaciones o la miseria. Los habitantes de ese lugar viven inmersos en la felicidad más absoluta y, aunque les caigan encima todas las pandemias habidas y por haber, los entristezca la violencia o los jalonee la pobreza, no tienen motivo de queja. Según esa creencia nacida de la ignorancia más escandalosa, el libro se refiere a la existencia de un mundo de maravilla, una región en la que todos los sueños se convierten en realidad con sólo desearlo.

Sin embargo, nada hay más falso o alejado de la verdadera propuesta del libro. Sus ideas se encaminan por un sentido distinto al que creen nuestros doctos conciudadanos. Como un clásico de la literatura que es, el libro puede someterse fácilmente a interpretaciones de distinta índole, es cierto, pero no en la dirección que ellos creen. Estas interpretaciones irían de la más cuerda (el psicoanálisis), la más descabellada (los surrealistas), las más inocente (Walt Disney), hasta la más tonta (nuestros políticos) sin que por ello pierda un ápice de su originalidad y trascendencia. Debido a la persistencia de esa situación tan penosa es que expondré, en las notas siguientes, algunas claves básicas del libro para aclarar sus puntos más complejos y ayudar de alguna manera a que deje ya de usarse como el símbolo de algo que no corresponde.

El libro fue publicado en 1865, en Inglaterra, en plena época victoriana, y pertenece al género del *nonsense*, porque transgrede las normas habituales de la razón y el sentido común. Aunque aparentemente el libro está destinado a un público infantil y algunos lo catalogan como parte de la literatura para niños, lo cierto es que encuentra una buena acogida entre los lectores adultos y la crítica más madura, precisamente por la intensidad de su significación. Está dividido en doce capítulos y relata las aventuras de Alicia y su recorrido por un mundo imaginario y fantástico, pero absurdo. La clave del equívoco que confunde a nuestros visionarios de pacotilla comienza, como ya dijimos antes, a partir del nombre del libro y todo lo que la frase encierra en el español. El título original en inglés es *Alice's Adventures in Wonderland*.

El argumento no ofrece muchas complicaciones: Alicia se halla junto a su hermana a la orilla de un río. El peso del sueño y del aburrimiento que padece la sumen en una especie de duermevela. De pronto mira pasar una liebre y decide perseguirla. Alicia cae en un agujero en el que tiene que sortear muchos obstáculos. Aterriza en un lugar extraño. Su asombro es tal que la induce a llorar; a través de sus lágrimas es conducida al país de las maravillas donde le suceden múltiples aventuras y se encuentra con personajes fuera de lo normal. En ese nuevo orden de cosas, los animales pueden conversar con Alicia, exponerle sus ideas y establecer diferentes tipos de relaciones con ella. Además, muestran sistemas de conducta y características que llevan a la niña a reflexionar acerca su propia forma de ser. Se trata de un mundo caótico, perturbado, en el que impera la locura y el absurdo, lo que incide definitivamente en la voluntad de Alicia y despierta de alguna manera su verdadera personalidad. Finalmente, Alicia despierta y se da cuenta de que todo ha sido parte de un sueño extraño.

A través del tiempo se han realizado diferentes lecturas acerca del sentido del libro. Una de las más generalizadas y aceptadas por los estudiosos es la que indica que se trataría de una crítica asolapada a la sociedad victoriana de su tiempo, una burla o parodia a sus rígidas costumbres y a su respeto por las jerarquías establecidas. Muchos han visto en el personaje de La Reina de corazones, con la que Alicia interactúa en varios pasajes del libro, la condición autoritaria de la monarquía inglesa y en El sombrerero loco, ese ser misterioso e incomprensible que siempre alude a la situación del tiempo, el símbolo del carácter inglés, atrapado entre la apariencia y el cumplimiento de unas normas refinadas, pero ya caducas. Costumbres que esclavizan a los ciudadanos y alteran su proceder.

Otra idea que se ha propuesto con fundamento es que el libro pretende dar una explicación del paso de la infancia a la adultez y toda la carga emotiva que eso conlleva. La incomprensión de crecer y adaptarse a unas condiciones que pueden resultar contraproducentes al carácter infantil o las perturbaciones que causa en los niños el mundo de los adultos.

Según esta idea, *Alicia en el País de las maravillas* sería un libro de iniciación. Hay indicios que apuntan en esta dirección, por ejemplo, el hecho de que ella se precipite por un agujero y se encuentre con múltiples obstáculos mientras cae, para desembocar después en un lugar que no entiende. Es como si Lewis Carroll expusiera a través de un acto sencillo una metáfora del paso de una edad a otra. Debe recordarse la gran atracción que ejercía sobre el autor la compañía de las niñas y lo bien que entendía su mundo; incluso, se tiene constancia de que el libro está inspirado en la fascinación y el cariño que sentía por Alice Liddell, su amiga de muchos años, una relación cortada abruptamente por su desconfiada madre al cumplir Alicia once años.

Es posible también que el libro se refiera al mundo del inconsciente. Que se trate de un intento por representar el estado del sueño y los diferentes matices que adquieren los objetos cuando se está dentro de ellos o en las pesadillas. El caos que se produce en la memoria ante esa realidad que no posee reglas y altera los principios aceptados universalmente. Durante el sueño todo adquiere una nueva identidad y lo imposible se vuelve posible a través de un ligero pestañeo. En el libro encontramos personajes tan enigmáticos como la oruga azul, que cambia de tamaño a cada instante, o el gato de Cheshire, que desaparece y aparece con total impunidad.

Dentro de una explicación parecida caería el hecho de que algunos estudiosos relacionan el libro con el mundo de las drogas; hay indicios suficientes para no descartar esa posibilidad. En la primera aventura Alicia se encuentra con una pócima que al bebérsela le hace disminuir su tamaño, o con un pastel mágico que al probarlo la lleva a crecer de manera desmesurada; también la oruga azul la obliga a comerse un hongo que le ayuda a cambiar de tamaño o a modificar su perspectiva con respecto a las cosas que la rodean. Es fácil relacionar los efectos de las drogas con los trastornos neurológicos y de percepción visual de los personajes.

Para el psicoanálisis, ese trastorno de la realidad recibe el nombre de "Complejo de Alicia en el País de las Maravillas" y se caracteriza por una distorsión del tamaño, la imagen y la distancia de los objetos con respecto a los individuos que lo padecen.

Se podrían hacer otros señalamientos de la misma naturaleza, fijándonos, sobre todo, en las virtudes de los personajes que integran el libro. Según una explicación más detallada, cada personaje tendría su finalidad para aparecer en determinado capítulo y también su significado particular. Por ejemplo: El conejo blanco que representa a la sociedad victoriana con toda su carga de sensatez y que se contrapone al carácter de Alicia. La oruga simbolizaría la ociosidad. El lirón, el insomnio. La liebre, la locura. El gato, el surrealismo. Etc. Es posible que si ponemos atención a sus detalles, comprendamos que cada elemento del libro apunta en una dirección distinta a la que se le achaca en nuestro medio.

No obstante eso, queda claro que sí es posible establecer analogías entre el contenido del libro y lo que ocurre en nuestro país, pero no en la forma en que señalan nuestros políticos. El absurdo se ha impuesto de manera tan definitiva en todos los órdenes de nuestra vida pública que puede que dentro de poco superemos la maravilla de Lewis Carroll y estemos en condiciones de producir un libro que rivalice con el de él. A Lewis Carroll no se le ocurrió que alguien pudiera quedarse en el gobierno, contra todos los pronósticos, con solo soplar en los sistemas que cuentan los votos, que fuera posible crear leyes de algodón, frágiles, suaves y fáciles de saltar, sobre todo cuando se ha tomado dinero del erario público. No pensó que se pudieran hacer compras de hospitales y pagar todo su precio de buena fe y luego esperar varios meses en la incertidumbre con los brazos cruzados. No imaginó que el barco que los traía pudiera aparecer y desaparecer en medio del mar sin intermediación humana. Tampoco consideró que fuera factible sacar facturas de la nada y atravesar en ellas cifras que no llevarán a ninguna parte. En esos aspectos y los cientos que aparecen cada día, su maravilla se ve rebasada.

PERSEGUIR EL JUEGO DE *RAYUELA*

Aterrizar en el aeropuerto Charles de Gaulle de la ciudad de París es lo mismo que caer del cielo en el interior de un libro abierto. Por lo menos es lo que percibe quien ha estado acostumbrado a sumergirse en la infinidad de magníficas obras literarias ambientadas en el dédalo de sus calles: *La educación sentimental, Los miserables, Notre Dame de París, Los tres mosqueteros, El fantasma de la ópera, Rojo y Negro, El perfume, París era una fiesta, Sin blanca en París y Londres, En el café de la juventud perdida, París no se acaba nunca, La vida instrucciones de uso, Rayuela,* y tantos otros libros que nos recuerdan la finísima frontera que existe entre la parte ficticia de la ciudad y su realidad bulliciosa.

La Gare de Luxemburg es la entrada que he escogido para acceder al tejido de la ciudad y *Rayuela* de Julio Cortázar el libro que marcará un sendero seguro en el laberinto de las calles. La Maga será la guía espiritual, como una suerte de Beatriz en el paraíso. A

Oliveira, verdadero protagonista del libro, lo hemos descartado por remolón e indeciso. La parte material del recorrido irá por cuenta de nuestro amigo Albert Gomá, que conoce todos los caminos que conducen a los sitios de interés.

Una leve llovizna sale a recibirnos y nos sacude el cabello mientras emergemos del subsuelo. En el aire blanco del cielo flirtea bulliciosa una golondrina. La golondrina es el reflejo de que el mundo de verdad se difumina a toda prisa, pero que tarda en hacerse notar a los ojos del visitante. Remite, enseguida, a otras circunstancias, traslapa la percepción del lector que ha pasado a convertirse en personaje: ahora tendremos que mirar las cosas que nos rodean a través de los ojos de La Maga, ese refugio almidonado que Oliveira buscaba con denuedo cada invierno para aceptar que ya no esperaba nada de la vida. Se comprende entonces, mientras se machaca la gravilla de los Jardines de Luxemburgo, mientras se repasa los nombres de los monumentos plantados en sus claras avenidas. Julio Cortázar ha venido en persona a darnos la bienvenida, su enorme silueta sonriente nos señala una dirección desde cada esquina luminosa de la ciudad. Ha decidido desplegar las páginas de su *Rayuela* consentida para que podamos soportar la rotundidad del frío o para que logremos olvidar la huelga de los trabajadores de trenes que está en marcha y que nos obligará a caminar. En Latinoamérica es imposible sentirse dentro de un libro, a menos que se trate de *Cien años de soledad*; en el viejo mundo, en cambio, todas las posibilidades son reales.

Urge llegar al Pont des Arts, el lugar donde La Maga y Oliveira coincidían sin haber hecho ningún esfuerzo para ello. Un sitio imantado en el que hasta hace poco, enamorados hostiles de todo el mundo, se juraban amores sencillos. Los candados que sellaban los afectos son los grandes ausentes. Pero antes, la obligación de meter las narices en El Parthéon, qué nuevos muertos han florecido en su interior. La Sorbona y su espectro de fachadas que encogen el corazón por sus detalles, el edificio de la ópera y sus ecos dispersos por el entorno mojado, el bulevar de Saint German que hemos recorrido tantas veces de manera referencial. El Café de Flore con las reminiscencias existencialistas de Jean Paúl Sartre y Simone de Beauvoir en sus ventanales. Las risas en su interior resuenan como si todavía estuviéramos en los años cincuenta. Luego el premio mayor, la librería Shakespeare and Company. Contra todos los pronósticos, hay que entrar a echar un vistazo. Usar los codos para abrirse camino entre tanto turista japonés. Pocos son los que adquieren libros, pero la mayoría se asombra de los estantes saturados y se toman fotografías de incógnito en los rincones. Es imposible pensar en su interior, sobre todo al ver las viejas fotografías de los escritores que han recalado en sus estancias o que intentaron remolonear en las máquinas de escribir expuestas en repisas o escritorios, pero se hace el intento. Al fondo de todo, el Sena y los despojos de Notre Dame. Un paisaje demasiado gramatical para perderlo de vista un instante.

Sabemos que Cortázar no ha inventado la ficción, pero él tomó la realidad y le puso nuevas reglas, nos enseñó los distintos caminos que conducen hasta ella. Es el más serio de todos los autores latinos no serios. La literatura para él es una jugarreta bien planeada, un pretexto para la mordacidad. Puestos a la orilla del Sena, entre las montañas de libros viejos que se exhiben en los puestos callejeros, podemos justificar las bifurcaciones diversas de su *Rayuela*, hasta entender las molestias que se tomó al moldear su enclave. ¿Hacia dónde ir, entonces?, ¿qué hacer? Cumplir un itinerario hecho al gusto del visitante, consultar la guía Michelin o apegarse a la voluntad de La Maga, que sigue pareciéndose a una golondrina que planea encima de la corriente. Mientras uno se decide, nos empiezan a llegar las infinitas sinfonías de la ciudad que resuena como una caracola. No habíamos reparado en ello. Cortázar no sólo metió en el libro a la ciudad, también introdujo sus sonidos. Una parte de *Rayuela* es auditiva, eso sólo se puede entender mientras se oye el pálpito amortiguado del tráfico desde el borde del río.

Quizás lo mejor sería bajar al inframundo. Es parte del ritual del libro que venimos siguiendo. Virar en el sentido de las gabarras cargadas de turistas y caminar hasta el Pont Neuf, bajo sus arcos de piedra bulle el mundo sombrío que los protagonistas de *Rayuela* admiraban. ¿Qué buscamos allí? Tal vez un *clochard* aterido de frío o un paraguas moribundo, aquellos objetos sin valor que los miembros del Club de la serpiente desdeñaban y que Oliveira guardaba en su americana por costumbre. Un hilo rojo, un fetiche, un tubo de dentífrico a medio vaciar, cualquier cosa que represente lo nimio, lo intrascendente, que sea capaz de desmontar los prejuicios intelectuales del elenco de actores del libro. Zafarse del anquilosamiento opresivo que determina de alguna manera la existencia de los personajes en París.

En ese aspecto La Maga representa lo esencial del mundo, según el libro. Ella, que no sabe nada y que no intenta comprender la relación que hay entre el pensamiento y la vida. Su apreciación del mundo es sensorial, por eso le preocupan tanto las fiebres de Rocamadour o el nihilismo de sus amigos que discuten sin sentido cada vez que se reúnen. La búsqueda, la errancia de Oliveira por las calles de París, tiene un propósito distinto al que la mayoría cree, si lo vemos desde el punto de vista de La Maga. Oliveira necesita la presencia de aquella mujer para atenuar sus desvaríos, intenta establecer un vínculo con ella, entrar en su ideario simple. Mirar las cosas que ella puede ver y sentir su pálpito, algo que él ya no puede hacer porque ha puesto un muro de razones intelectuales enfrente de ellas. Así que allí vamos nosotros también, en pos del itinerario ficticio de una mujer que asombra por su sencillez, por el Barrio Latino, por el Marais, por el área de Montparnasse, por la place de Saint Geneviéve, por la Rue de Varenne, como otros tantos personajes de *Rayuela* que han perdido su rumbo. En algún momento del atardecer la golondrina se zambulle en el agua fría del río y se funde con ella, entonces se abre una brecha en el tejido textual del libro que permite ir a pescar las llaves del piso que ocuparemos con mi familia en algún edificio estilo Art Deco contiguo a la Gare Vaugirard.

Ya hemos dado el paseo habitual por la Torre Eiffel; intentar acceder a sus alturas puede producir conflictos internacionales. El Arco del Triunfo nos marca una nueva peregrinación, buscamos a La Maga por los Campos Elíseos durante la mañana, pero ella no está allí asomándose a los escaparates de las tiendas, no era una zona que le sugería algo específico. Los Campos Elíseos son como una herida abierta en el centro de París, una herida que en vez de sangre supura entusiasmo, se ve de todo en sus orillas. Un pequeño desvío hacia el Petit o el Grand Palais, luego de frente hacia el puente de Alejandro III, hay una posibilidad de que en el aire matinal se encuentre disuelta su figura. Los reflejos dorados de sus Pegasos niegan cualquier intromisión de la literatura, allí todo es concreto y duradero. La plaza de La Concordia y su escenografía marina o egipcia y luego el Jardín de las Tullerías y el museo del Louvre. Esperar tanto tiempo a la intemperie para que luego sea imposible permanecer a solas con una obra de arte. Las personas se confunden con las esculturas y las pinturas destellan con las luces de cientos de fotografías que las acribillan. La Mona Lisa es la más castigada y la que más lástima causa. El interior del museo es como un río despeñado, se necesita más que simple voluntad para bracear entre la multitud que hormiguea.

Precisamente *Rayuela* trata de las multitudes que buscan un sentido a sus vidas, pero desde el punto de vista del inconformista, del hombre que se margina del orden social establecido o que muestra su desapego por la costumbre. *Rayuela* es un libro discontinuo, porque la vida lo es en sus aspectos más recónditos. Su discurso es excéntrico, voluble y representa el desbalance. Es un intento por destruir la forma de la novela desde adentro, desde sus bases tradicionales más firmes. Un juego interactivo en el que cada uno que entra mueve la pieza que quiere, en la dirección que se le antoja. Constituye un enorme tablero del tamaño de una ciudad, París o Buenos Aires, tal vez, en el que cada personaje busca a ciegas sus antípodas, en el lugar donde menos podrían aparecer. Quizás por eso Cortázar escarba en lo marginal, en lo informe, su trazado vital rara vez se cruza por los lugares que son los favoritos de la gente.

En la Plaza de la Bastilla o lo que queda de ella percibimos el alejamiento o, lo que es lo mismo, la intromisión de un nuevo discurso. Éric Vuillard, un escritor que acabo de descubrir, amonesta a los paseantes despreocupados con su nuevo libro sobre la Revolución, sus recreaciones de la historia europea tienen el regusto de lo reciente, de lo que ha pasado por el colador de su genio creativo. Vuillard se regodea en lo minúsculo, en lo que la gran historia ha desechado. Así que Cortázar y La Maga nos abandonan, han presentido el resquebrajamiento del orden natural. Su círculo de influencia ha llegado muy lejos. Todo es apacible en la Plaza de la Bastilla, no parece que fuera el lugar que un día incendió las mentes del mundo moderno. Queda una visita a la librería-tienda dedicada exclusivamente al Principito, un *tour* por la casa de Víctor Hugo, qué decepción, se encuentra en obras, la casa de Gautier, la de Paúl Verlaine o el piso que ocupó Hemingway de 1921 a 1925. Después se pasa la página a toda prisa y hay que salir de París a como dé lugar. Mientras se vuela de regreso aparece el desencanto de haber dejado a amigos de toda la vida atrapados dentro de las sombras de una ciudad ficticia.

TÍTULOS
DE LA EDITORIAL

www.ingramcontent.com/pod-product-compliance
Lightning Source LLC
Chambersburg PA
CBHW021544150726
47990CB00006B/2385